Photheology

사진－신학

〈빛의 예술과 존재의 체험〉

신학과

사진의

만남

Photheology

사진-신학

〈빛의 예술과 존재의 체험〉

신학과

사진의

만남

최병학
지음

인간사랑

차례

이 저서는 2018년 대한민국 교육부와 한국연구재단의 지원을 받아
수행된 연구임 (NRF-2018S1A5B07072483)

사진 한 장을 새기며

〈큰 딸 희주와 할머니〉(2008.3.4.)

'아기와 어머니'

그 아픔을 아는가? 어머니가 아기가 되는
그 슬픔을 아는가? 어머니가 갓난아기가 되는
아기가 울 때 대책 없음은
어머니가 아플 때 대안 없음이라.
어머니는 아기가 되어 투정 부리고,
아기는 어른이 되고자 투정 부리는데...
한순간 어른으로 사는 이내 인생에

나도 아기였고, 나도 어머니처럼 늙어 가리라.
오호라! 나도 언젠가는 내 아이의 아기가 되어
오늘의 이 슬픔과 아픔을 전하겠지. (2013.1.4)

여기 사진 몇 장이 있다. 그저 그런 사진 몇 장, 그러나 이 한 장의 사진은 사람들의 가치관을 변화시키고, 세상을 변화시키는 겨자씨와 같은 생명력을 가지고 있다. 존재가 의식을 규정하듯, 사진 한 장이라는 보잘 것 없는 도구가 의식을 규정하는 것이다. 그리하여 '사진－신학(Photo+Theology, 이하 영문으로 Photheology로 조합함)'은 사진 한 장에서 신학적 의미를 발견하여 신학적 사유의 풍성함과 신앙의 깊이를 다시금 고민하는 것이다.

사진을 찍는 것을 '빛 사냥'이라고 한다. 곧 피사체를 표현하기에 가장 좋은 빛을 찾는 것을 말한다. 사실 빛은 평면인 사진을 입체로 보이게 하는 사진미학의 핵심이다. 따라서 사진은 빛의 예술이다. 필립 퍼키스는 『필립 퍼키스의 사진 강의노트』(눈빛, 2005) 중에서 "보여지는 것, 그 자체, 너무 성급하게 메타포나 상징으로 건너뛰지 마라. '문화적 의미'를 담으려 하지 마라. 아직 이르다. 이런 것은 나중에 생각해도 늦지 않다. 먼저 대상의 표면에 떨어진 빛의 실체를 느껴야 한다."라고 말한다. 신학도 마찬가지이다. 빛으로 오신 예수의 빛을 얼마나 잘 수용하고, 그 빛된 삶을 따르는가를 묻는 것이 신학일진데, 너무 성급하게 말씀의 은유를, 너무 조급하게 신학적 상징으로 건너뛴다. 따라서 사진미학은 빛의 중요성을 강조함으로 신학적 미학과 사진 한 장을 통해, 이론과 실천을 매개하는 통로가 된다.

일찍이 롤랑 바르트(Roland Barthes)가 푼크툼(punctum)을 통찰한 까닭은 그의 어머니의 죽음과 그로 인한 우울증 때문이었다. 어머니의 유품을 정리하며 그 어떤 사진도 어머니를 재현할 수 없다는 사실에 절망을 느낀 바르트는 어느 날 어머니의 다섯 살 아이 시절의 사진을 발견하게 된다. 그리고 이 사진 속에서 어머니의 모든 것을 느끼게 된다. 푼크툼, 곧 '사진 안에서 떠돌아다니는 그 무엇'을 깨닫게 된 것이다. 그리고 이것은 바르트만이 느낄 수 있는 어떤 '찌름'의 모습이지, 무관심한 타인이 발견할 수 있는 보편적 이미지는 아닌 것이다.

신앙도 바로 그러하다. 사진-신학의 신앙도 여기서 그리 멀지 않다. 바야흐로 사진-신학의 시대가 열렸다. 이제 신학은 사진이 존재의 본질과 현실의 고통을 드러내는 찰나를 신의 이름, 아니 신의 빛으로 기억해 내고, 그 사진에 신앙의 깊이를 새겨 넣어야 할 것이다. 이제 카메라를 들고, 현실의 냉혹함을 넘어 존재의 신비를 찾으러 떠날 준비가 되어있는가? 그렇다면 셔터를 누르는 순간, 찰나의 의미를 영원의 뒤안길에, 소식 전할 메신저가 될 수 있을진저!

– 사진 한 장에 진실의 의미를 담고자 하는 어느 날 최병학 씀

1장

카메라를 들고,현실의 냉혹함을 넘어 존재의 신비를 찾으러 떠나자: 사진-신학 선포

1. 겨자씨와 '사진 한 장'

"또 이르시되 우리가 하나님의 나라를 어떻게 비교하며 또 무슨 비유로 나타낼까. 겨자씨 한 알과 같으니 땅에 심길 때에는 땅 위의 모든 씨보다 작은 것이로되 심긴 후에는 자라서 모든 풀보다 커지며 큰 가지를 내나니 공중의 새들이 그 그늘에 깃들일 만큼 되느니라." (「마가복음」 4:30 – 32)

예수께서는 이스라엘 요단강 북쪽 강가에 많이 자라는 식물인 겨자씨를 통해 하나님 나라를 비유하고 있다. 정말 자세히 보아야 보일 정도로 작은 씨인데, 일단 자라기만 하면 7m까지 자라, 새가 둥지를 틀 정도로 큰 나무로 자란다. 보잘 것 없는 작은 겨자씨 하나에 놀라운 생명력이 깃들어 있는 것이다. 동시에 겨자씨는 새의 모이이다. 먹잇감인 것이다. 이러한 먹히는 생명이 자라 자신을 먹이로 삼는 새들에게 그늘을 제공하는 것이다. 예수께서는 당시 로마의 압제 아래 있는 이스라엘의 상황을 이 겨자씨의 비유로, 원수까지도 품는 하나님 나라의 비밀을 보여 주는 것은 아닐까?

여기 사진 몇 장이 있다. 그저 그런 사진 몇 장, 그러나 이 한 장의 사진은 사람들의 가치관을 변화시키고, 세상을 변화시키는 겨자씨와 같은 생명력을 가지고 있다. 존재가 의식을 규정하듯, 사진 한 장이라는 보잘 것 없는 도구가 의식을 규정하는 것이다. 그리하여 사진-신학은 사진 한 장에서 신학적 의미를 발견하여 신학적 사유의 풍성함과 신앙의 깊이를 다시금 고민하는 것이다. 인류를 사랑하시고, 죄인 된 우리를 구원하시기 위해 이 땅에 오시어 십자가, 그 모진 고통을 받으셨으나, 죽기까지 사랑하신 예수님의 흔적들이 담겨져 있는(혹은 그렇게 해석할 수 있는) 사진 한 장은 신앙의 깊이와 넓이와 높이를 뒤흔들 것이다.

2. '사진 인문학'에서 사진-신학으로

부산외대 이광수 교수의 사진에 관한 책인 『사진 인문학』(알렙, 2015)을 보면 '사진이 존재를 증명하는 도구'라고 한다. 어떤 대상이 존재하지 않으면 사진은 나올 수 없기에 맞는 말이다. 따라서 카메라 앞에 반드시 뭔가가 있어야 한다. 동시에 사진은 시간을 담는 매체가 된다. 모든 대상은 사진 속에 담기는 그 순간부터 과거에 박제된다. 그때 그 시간은 돌아올 수 없는 과거가 되고, 그래서 지금 현재는 존재하지 않게 된다. 곧, 사진 속으로 들어간 모든 시간은 과거에 묶여버린다. 수잔 손택(S. Sontag) 역시 이렇게 말한다. "사진은 시간의 흐름이 아닌 시간의 어느 한 순간을 포착해 놓은 것이고, 그래서 사진은 '기억'을 하기 좋은 매체"라는 것이다. 성경은 하나님께서 인류에게 전해 준 구원의 사진첩이다. 창조로부터 타락, 회개와 구원의 길에 대한 모든 순간들이 역사의 현장에 사진처럼 기록되어 있다. 그것을 기억하느냐, 그렇지 못하느냐에 따라 신앙의 무늬와 결과가 갈라지는 것이다.

이광수 교수는 이렇게 말한다. "사진과 같이 시간, 존재, 재현 등에 관한 다양한 시선과 그것을 둘러싼 권력과 맥락을 포함하는 매체는 인문학의 향연을 펼치기에 매우 적합하다. 정해진 해답이 없고, 옳고 그름도 없으며, 접하는 사람에 따라 생각을 달리하고 그 가치를 달리 부여할 수 있는 사진이란, 인간 정신을 상실해 가는 이미지가 범람하고 복제가 만능인 21세기라는 시대에는 더할 나위 없이 좋은 인문학의 보고"라고 한다.

사진에 관한 시각과 관점은 롤랑 바르트(R. Barthes)의 푼크툼(punctum)과 스투디움(studium)의 개념을 알고 구분할 때 풍성해진다. 푼크툼은 라틴어로 점(點)이라는 뜻이며, '해독하기 힘든 개별적인 효과'를 말한다. 곧, 화살처럼 꽂혀오는 어떤 강렬함을 뜻한다. 가령, 한 장의 사진이 뾰족한 창처럼 나를 찌르고, 나를 상처 입히고, 나에게 얼룩과 흔적을 남길 때 우리는 푼크툼의 효과를 느낀다. 반면, 스투디움은 '일반화된 상징'을 뜻한다. 성서 한 구절이 우리의 심령과 골수를 쪼개고 부숴 심령이 온전하게 그리스도의 영으로 지배받는 것처럼 한 장의 사진 역시 푼크툼으로 우리 존재를 흔들 것이다.

역사학자 라나지트 구하(R. Guha)는 '서발턴(subaltern, 소외된 하위 계층 사람들 곧 하위주체)'이라는 하층민의 역사를 통해, '작은 사건'이 어떻게 '큰 역사'에 묻혀버리는지를 탐구한다. 사진도 마찬가지다. '작은 사진 한 장'이 때로는 '역사의 큰 증언'이 될 수 있다. 가령 다큐멘터리 사진 한 장은 '현존을 증언'하기 때문에 역사로서의 사진의 본원적 임무를 가장 잘 수행하게 되는 것이다.

재미있는 것은 에드워드 사이드(Edward Said)의 '오리엔탈리즘'과 같이(그가 분석한 문학 작품 등의 예처럼), 사진은 그 초창기 역사에서 제국주의의 식민지 침탈의 한 도구인 동시에 침탈을 증명하는 흔적이 되었다는 것이다. 처음에 사진은 서양 지배자들이 식민 지배를 정당화하기 위해 식민지를 과학적으로 재현하여 실증적으로 보여주는데 다른 어떤 매체보다 더 효과적이었다. 당시 과학은 어느덧 객관성과 보편성을 담보하는 것으로 대접받았고 그 과학의 총아가 사진이었다. 따라서 식민 지배 초기에 아시아로 온 유럽의 많은 식민 지배자들은 식민지 곳곳을 사진으로 남겼다. 그리고 이 사진은 오히려 침탈을 증명하는 흔적이 되었다.

바야흐로 사진 인문학의 시대가 열렸다. 이제 신학은 사진이 존재의 본질과 현실의 고통을 드러내는 찰나를 신의 이름으로 기억해 내고, 그 사진에 신앙의 깊이를 새겨 넣어야 할 것이다. 이제 카메라를 들고, 현실의 냉혹함을 넘어 존재의 신비를 찾으러 떠날 준비가 되어있는가? 그렇다면 셔터를 누르는 순간, 찰나의 의미를 영원의 뒤안길에 소식전할 메신저가 될 수 있을 진저!

3. 사실, 의미, 의식의 사진-신학

3-1. 사실의 사진: 교리 주입

사진-신학이라는 말은 생소하지만 매력적이다. 사진에도 신학이 있을까? 그렇다면 사진에 담긴 신학적 의미는 무엇일까? 만약 사진에 신학과 신앙이 없다면 그저 한 장의 종이 쪼가리에 다름 아닐 것이다. 사진에 신앙과 신학이 있다는 것은 사진 한 장에 한 사람의 숨결이나 한 세대의 생명이 그대로 살아 있기 때문이라 할 수 있다. 그렇다면 사진은 어떻게 신학적 의미를 부여받고, 신앙적 생명을 얻고, 창조적인 힘이 될 수 있을 것인가? 사진의 신학은 도대체 무엇인가? 백승균 교수는『사진 철학을 만나다』(북길드, 2014)에서 사진과 사람의 관계, 나아가 인간 의식과 사진의 관계에 관해 '사실의 사진', '의미의 사진', '의식의 사진'으로 분류해서 설명하고 있다(26-37).

여기 〈둘째 딸 희진이의 패션쇼〉라는 연작 사진이 있다. 사랑하는 딸의 패션쇼를 아빠가 찍은 사진이다. 이것은 단순한 사실의 사진이다. 그리고 이 사실에는 패션쇼를 가능하도록 만든 (옷을 입혀준) 언니 희주가 있고, 또 이 모습을 찍은 아빠가 있을 것이다. 사진에는 나타나지 않지만, 언니와 아빠 모두가 이 사진의 완성자가 될 것이다. 이처럼 사진은 사실의 기능을 한다. 사진-신학의 지평도 마찬가지다. 사실의 사진은 사실의 신학으로 연결된다. 이것은 단순한 교리를 주입하는 신앙에 다름 아니다. 교리에 그 교리를 가능하게 한 사람들, 그리고 그 교리를 완성한 사람들이 있을 것이다. 물론 성령의 역사 하에서. 따라서 사람들의 이해 지평(곧, 의미)이 논의되어야 할 것이다. 그렇다면 이제 자연스럽게 사실의 사진은 의미의 사진으로 넘어가고, 사실의 신학은 의미의 신학으로 진행해야 될 것이다.

〈둘째 딸 희진이의 패션쇼〉

3-2. 의미의 사진: 해석학적 신학

〈둘째 딸 희진이의 패션쇼〉라는 사진의 의미는 무엇일까? 해석의 지평은 어떻게 가능할까? 희진이의 패션쇼는 아빠의 사랑이, 언니의 정성이, 그리고 주인공 희진이의 애교가 의미 놓여져 있다. 이것은 배고파도, 힘들어도, 고통스러워도 웃음을 짓게 만드는 의미의 차원이다. 세계 최초로 유치원을 창설한 프뢰벨(F. W. A. Fröbel, 1782~1852)은 아동의 내적인 신성이 자연물과의 친근함을 통해 발현된다고 말한다. 가령, 어린아이의 손에 들린 목각기차가 눈 내리는 크리스마스를 맞아 고향으로 달려간다면, 프로벨은 그 기차를 그저 장남감으로만 여기지 말고 실제 기차로 간주할 것을 주장했다(백승균, 32). 그렇다. 사람은 사실만으로 살지 않고(그리고 이 사실은 경제와 정치, 현실의 모든 인간 삶의 물질적 조건으로 확장할 수 있을 것이다), 의미로 사는 것이다. 예수께서는 이것을 잘 알았고, 마귀의 시험을 지혜롭게 대처하셨다.

> "예수께서 성령의 충만함을 입어 요단 강에서 돌아오사 광야에서 사십 일 동안 성령에게 이끌리시며 마귀에게 시험을 받으시더라. 이 모든 날에 아무 것도 잡수시지 아니하시니 날 수가 다하매 주리신지라. 마귀가 이르되 네가 만일 하나님의 아들이어든 이 돌들에게 명하여 떡이 되게 하라. 예수께서 대답하시되 기록된 바 사람이 떡으로만 살 것이 아니라 하였느니라." (「마가복음」 4:1-4)

따라서 의미의 신학은 해석학적 신학의 지평을 열어준다. 사실의 신학이 단순한 교리 주입이라면, 의미의 신학은 성서 말씀을 인간학적으로 해석해서 새로운 지평을 열어주는 것이다. 사진 한 장을 통해 사실을 넘어 해석학적 의미의 지평 융합을 이룬 것처럼.

3-3. 의식의 사진과 신학의 사명: 김아타를 중심으로

사진은 불가능한 순간(가령 1/125초~1/15초의 순간적인 모습)을 담아내는 기술이며, 한 순간을 절묘하게 포착하여 영원으로 잇게 하는 예술이다. 사진의 특별한 기법에는(물론 디지털 카메라에 해당되지만) '연장노출(extended exposures)'과 '다중노출(multiple layering)'이 있다. 연장노출은 짧게는 몇 분에서 길게는 수십 시간까지 카메라의 조리개를 열어두고 이미지를 포착하는 것으로 움직이는 것들의 형체를 모두 사라지게 만든다. 반면 다중노출은 이미지를 수십 번 중첩하는 것으로 사물이 원래 가지고 있던 이미지를 흐리게 만든다. 따라서 본래의 모습은 사라지고, 처음의 이미지를 흐리게 만드는 것이다.

《뉴욕타임스》가 "철학적 사고가 지극히 참신한 작가"라 극찬한 박박 민 머리, 동그란 안경, 검정 인민복의 사진작가 김아타는 연장노출과 다중노출 기법을 통해 작품을 창작했는데, 뉴욕의 모습을 찍은 1만장의 사진을 겹쳐 한 장으로 만든 적이 있다. 그런데 이 작품은 약간의 채도 차이가 있을 뿐 희뿌연 사각형의 모습을 보여준다.

뉴욕을 촬영한 1만 컷 이미지를 하나로 중첩시킨 작품 앞에 선 김아타

게다가 노자『도덕경』5290자,『논어』1만5817자,『반야심경』260자를 한 자 한 자 촬영해 각각 한 장으로 포개는 작업도 했는데(성경은 분량이 많으니「요한복음」이나「창세기」만을 한 글자 한 글자 쪼어서 촬영하기를 추천한다), 이러한 작업 가운데 김아타는 "자신을 구속하던 경전이 솜사탕이 되더라"고 말한다. 곧, 존재하는 모든 것은 결국 사라진다는 것을 깨달은 것이다. 모든 것을 버림으로써 오히려 모든 것을 얻고, 없애버림으로써 있음을

드러내는 구도자의 깨달음이다. 예수께서도 깨달은 바, 천하만국의 영광이 결국 사라짐을, 아쉽지만 지금 사랑하는 딸의 모습도 시간이 흐를수록 추억 속에 사라져 감을 깨닫는 것과 똑같은 것이다. 예수께서는 이것을 아셨고, 마귀의 시험을 극복하는 답을 우리들에게 알려 주셨다. 의미를 넘어 의식의 변화가 새로운 존재를 창출하는 것이다.

> "마귀가 또 예수를 이끌고 올라가서 순식간에 천하만국을 보이며 이르되 이 모든 권위와 그 영광을 내가 네게 주리라 이것은 내게 넘겨 준 것이므로 내가 원하는 자에게 주노라. 그러므로 네가 만일 내게 절하면 다 네 것이 되리라. 예수께서 대답하여 이르시되 기록된 바 주 너의 하나님께 경배하고 다만 그를 섬기라 하였느니라."(「마가복음」 4:4-8)

사진에서 의식의 변화를 이룬 김아타의 '아이스 모놀로그(Ice Monologue, 얼음 이야기)'인 'ON-AIR Project' 시리즈는 영원함을 상징하면서 역사적 의미도 지닌 파르테논 신전, 부처, 마오쩌둥, 피라미드 등의 조형물들을 얼음조각으로 만들고, 그 조각이 점점 녹아 사라지는 과정을 촬영한 작품이다. 그리스 파르테논 신전의 경우 3개월 동안 실제 크기의 15분의 1로 얼음조각을 만든 뒤 녹아 없어지는 1개월의 과정을 사진에 담아냈다. "모든 존재는 생멸하고 이 우주에 생멸하는 법을 거스를 존재는 없다"는 작가의 주제'의식'이 고스란히 담겨져 있다. 가령, 스틸 사진 3장으로 표현한 〈마오의 초상〉(Portrait of Mao)은 권력의 무상함을 떠올린다.

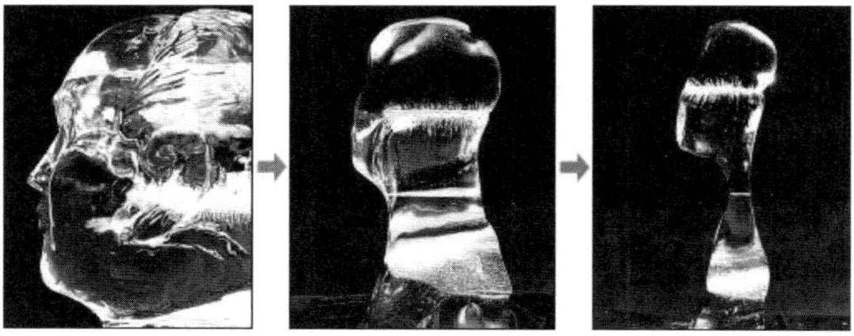

ON-AIR Project, 〈Portrait of Mao〉(2004)

역시 〈8 hours〉 시리즈도 베이징, 뉴욕 등 주요 도시들의 도심 특정 장소에서 카메라를 8시간 노출시켜 도시마다 각 한 컷씩 촬영한 작품인데, 번잡한 도시 속의 움직이는 모든 것들이 하나의 빛으로만 남아 있다. 「요한복음」에서는 이렇게 말한다. "그 안에 생명이 있었으니 이 생명은 사람들의 빛이라. (…) 참빛 곧 세상에 와서 각 사람에게 비추는 빛이 있었나니" (「요한복음」 1장 4절, 9절) 따라서 신학이 사실을 넘어 해석학적 의미를 창출하고, 새로운 의식의 지평을 열 때 사진-신학의 사명은 완

수될 것이다. 곧, 의식의 사진은 신학의 사명에 다름 아니다.

일찍이 "사진은 아우라를 재현할 수 없다."라고 말한 발터 벤야민(W. Benjamin)은 이렇게도 말했다. "20세기의 문맹은 사진을 모르는 사람일 것", 그러나 사진-신학은 이렇게 말한다. "21세기의 신학과 신앙인은 사진 속에서 신학적 의미를 읽어낼 줄 아는 사람들"이다.

2장

사진-신학(Photheology)의 사도: 세바스치앙 살가두

1. 빛을 쓰기

사진(photography)은 어원적으로 빛(photo)을 쓰는(graphy) 것이다. 따라서 사진작가는 빛과 그림자를 가지고 세상을 쓰는 사람이다. 사진-신학은 빛(photo)을 신학(theology)하는 것이다. 따라서 신학자는 빛과 그림자를 가지고, 세상을 해석하는 사람이다.

1944년 브라질의 작은 마을 아이모레스(Aimores)에서 태어난 세바스치앙 살가두(Sebastiao Salgado)는 젊은 시절 활동가로 브라질 군부 독재에 저항하다 결국 프랑스로 건너간다. 이후 파리에서 경제학 박사학위를 취득하고, 경제학자도 일하며 세계은행(World Bank)의 아프리카 커피 산업에 대한 조사 프로젝트를 맡기도 했다. 그러다 아내 렐리아에게 선물 받은 카메라로 사진을 찍기 시작한다. 아프리카 출장 후 "경제리포트를 작성하는 것보다 사진 찍는 일이 더 즐겁다."라는 사실을 깨닫고 사진작가로 새 출발을 했다. 그때 그의 나이가 서른이었다.

처음엔 뉴스 에이전시에서 작업을 할당 받기도 하고, 잡지 사진이며 누드 사진까지 닥치는 대로 일을 하였다. 그러나 누군가에게 요청받아 사진을 찍는 대신, 스스로 주제를 정해 작업을 하는 것이 좋겠다고 생각하여 이후 100개국이 넘는 나라를 여행하며 곳곳에 카메라를 들이대며 사진을 찍기 시작했다.

〈눈먼 투아레그족 여인〉

살가두에 따르면 사진은 '구도'와 '배경', 그리고 '생동감'이 있어야 하는데, 생동감이란 피사체가 스스로를 드러내는 것이며 하나의 감동 있는 이야기가 살아있는 것이다. 그리고 이것은 롤랑 바르트(R. Barthes)가 말한 푼크툼이다.[1] 〈눈먼 투아레그족 여인〉을 통해 살가두와 인연을 맺은 빔 벤더스 감독 역시 그의 작품에서 그 어떤 '화살처럼 꽂혀오는 강렬함'을 느꼈을 것이다. 따라서 우리는 살가두의 작품에서 인간 존재의 심연과 고통, 그리고 마침내 구원을 향한 절규와 그 응답인 빛을 보게 된다.

2. 인간이라는 흉악하고 끔찍한 짐승

'사람을 아끼는 사진작가'라고 평가받는 살가두는 인간의

1 롤랑 바르트는 『밝은 방: 사진에 관한 노트』(동문선, 2006)에서 푼크툼(punctum)과 스투디움(studium)을 소개한다. 푼크툼은 라틴어로 점(點)이라는 뜻이며, '해독하기 힘든 개별적인 효과'를 말한다. 곧, 화살처럼 꽂혀오는 어떤 강렬함을 뜻한다. 가령, 한 장의 사진이 뾰족한 창처럼 나를 찌르고, 나를 상처 입히고, 나에게 얼룩과 흔적을 남길 때 우리는 푼크툼의 효과를 느낀다. 반면, 스투디움은 '일반화된 상징'을 뜻한다. 성서 한 구절이 우리의 심령과 골수를 쪼개고 부숴 심령이 온전하게 그리스도의 영으로 지배받는 것처럼 한 장의 사진 역시 푼크툼으로 우리 존재를 흔들 것이다.

'욕망'과 '기아 문제', '노동자의 치열한 삶', '이주민들의 고통' 등을 자신만의 뛰어난 관찰력으로 포착해냈는데[2], 그가 세계적 명성을 얻은 작품은 브라질의 세라 펠라다(Serra Pelada) 금광에서 일하는 광부들에 대한 작품이다. 검은 탄가루를 뒤집어쓴

〈세라 펠라다 금광〉(1986)

2 세계 3대 영화제를 석권한 영상혁명의 선구자이자 시네마 거장 빔 벤더스(Wim Wenders) 감독은 지난 2015년 5월 30일 제6회 부산평화영화제에서 상영된 〈제네시스: 세상의 소금〉(2014)을 통해 사진계의 살아있는 신화라고 불리는 '세바스치앙 살가두'를 그려냈다. 영화는 이러한 주제들을 '다른 아메리카들', '노동자들', '제네시스'라는 제목의 그의 사진집을 쫓아가며 보여준다. 그 외 벤더스 감독은 〈부에나 비스타 소셜 클럽〉(1999)을 통해 쿠바의 전설적인 뮤지션 그룹 '부에나 비스타 소셜 클럽'을, 〈피나〉(2011)로 춤의 역사를 바꾼 천재 무용가 '피나 바우쉬'를 영상 이미지로 그린 바 있다.

인부들, 황금을 찾고자 하는 욕망의 구렁텅이에서 우리는 인간 존재의 탐욕과 원죄의 모습을 보게 된다.

전쟁으로 인한 기아와 이주 문제 역시 인간의 역사가 전쟁의 역사임을 고발하는 증거이다. 따라서 살가두의 사진은 이러한 인간 존재의 죄성을 여지없이 드러낸다. "우리들은 인간이라는 흉악하고 끔찍한 짐승"이라고 말하는 살가두의 담담하지만 비애에 찬 목소리와 표정은 보는 이들의 가슴에 무겁고 깊은 울림을 전한다.

영화 〈제네시스: 세상의 소금〉의 이주민들의 고통에 관한 한 장면

따라서 지구촌 고통의 현장을 다니며 잔혹한 정치의 희생양이 된 사람들의 모습 등을 렌즈에 담으며 마침내 증오가 증오를 낳는 인간 존재의 본성을 촬영하는 일에 회의를 느낀 살

가두는 카메라를 내려놓는다.

3. '나無의 신앙'과 신의 사도 살가두

고향에 돌아간 살가두는 부인 렐리아의 제안으로 브라질의 도체강 유역 아이모레스에 대지 연구소(Instituto Terra)를 세워 지역 생태계 복원작업을 주도하게 된다. 무분별한 벌목과 철광석 탄광 개발로 인해 황폐해진 지역에 나무를 심어 생태계를 복원한 것이다. "천국에서 태어났으니 이곳을 다시 천국으로 만들자"는 그의 말은 사진 작업에 있어서도 새로운 계기가 된다. 치유된 살가두는 이제 자연의 경이를 카메라로 포착한다. 지구의 경이로움에 헌사를 바치는 프로젝트 '제네시스'(천지창조)를 통해 자연과 하나가 되며 치유가 되고 순환하는 삶의 고리를 발견하게 된다. "내가 자란 이 땅에서 나는 생의 마지막 시간을 보냅니다. 내가 죽은 다음 이 숲은 내가 태어났을 때의 모습으로 돌아가겠죠. 내 인생을 담은 순환의 고리가 완성되는 겁니다." 인간은 대자연(신앙적으로는 창조주 하나님) 앞에 자신이 아무것도 아니라는(나는 無, 곧 나무) 자각이 있을 때 참된 신앙의 깊이에 다가서는 것이 아닐까? 케노시스 기독론(자기비움의 그리스도)은 그것을 잘 말해준다.

대자연(혹은 절대자) 앞에 아무것도 아닌 존재(나, 無인 존재)

> "그는 근본 하나님의 본체시나 하나님과 동등됨을 취할 것으로 여기지 아니하시고 오히려 자기를 비워 종의 형체를 가지사 사람들과 같이 되셨고" (「빌립보서」 2:6-11)

사람들은 사진기를 들고 지구촌 구석구석 고통 받는 사람들을 찍는 살가두를 보고 신께서 천국에 갈 인물을 찾는 일을 그에게 맡겼다고 생각한다. 곧 신의 사도인 살가두를 이 땅에 보내어 사진을 통해 천국 갈 사람을 찾게 한다는 것이다. 끝없는 욕망의 소용돌이 속에서 자신을 한줌 세상의 소금으로 내어

주는 사람들을 신의 사도인 살가두는 자신의 사진 속에 담고 있는 것이다. 그리고 그렇게 그리스도와 같이 자신을 타자를 위해 비운 자만이 신의 사도가 될 수 있으며 그때 참다운 빛은 보여지고, 쓰여지고, 찍힐 것이다.

> "참 빛 곧 세상에 와서 각 사람에게 비추는 빛이 있었나니 그가 세상에 계셨으며 세상은 그로 말미암아 지은 바 되었으되 세상이 그를 알지 못하였고 자기 땅에 오매 자기 백성이 영접하지 아니하였으나 영접하는 자 곧 그 이름을 믿는 자들에게는 하나님의 자녀가 되는 권세를 주셨으니" (「요한복음」 1:9－12)

3장

“오라, 우리가 서로 변론하자”: 로버트 카파, 포토저널리즘의 카파이즘

1. 당신은 전쟁에 관심이 없어도 전쟁은 당신에게 관심이 있다.

불구경, 싸움 구경(우리 집, 나와 관련 안 된)만큼 신나고 재미있는 것이 전쟁이다. 전쟁 이야기만큼 흥미진진하고 재미있는 이야기는 없다. 성경도 여호수아서와 사사기가 재미있지 않은가? 인간의 희로애락이 극명하게 드러나는 현장이 바로 전쟁인데, 우리는 전쟁을 통해 인간 내면에 숨어 있던 폭력성과 욕망을 확인할 수 있다. 또한 자기보존의 욕망과 타자 지배의 심리학, 정복의 경제학으로 상대방을 굴복시키고 생존하려는 인간 의지의 맨 얼굴을 바라볼 수도 있다. 따라서 전쟁은 인간의 욕망과 의지의 실험장이자 대결장이 된다.

북핵 문제로 한반도에는 '화이트 스완(White Swan)'[3]이 가득 날아다닌다. '블랙 스완(Black Swan)'이 '도저히 일어날 것 같지 않은 일이 발생하는 것'이라면, 화이트 스완(White Swan)은 '반복되어 오는 위기인데도, 마땅한 해결책을 내어놓지 못하는 상황'을 뜻한다. 역사적 교훈에 의해 충분히 위기상황이 예측됨에도 불구하고, 골든타임을 놓친 결과 위기를 맞는 것이다.

한 때 아인슈타인은 이렇게 말했다. "3차 세계대전에는 어떤 무기가 사용될지 몰라도, 4차 세계대전에서는 돌과 방망이로 싸울 것이다." 공멸할 줄 알면서도 전쟁의 소용돌이에 빠져드는 인간의 무지함은, 레온 트로츠키(Leon Trotsky)의 다음의 말과 더불어 우리 주변에 숨죽이고 기회를 엿보고 있는 전쟁의 불씨에 불을 지핀다. "당신은 전쟁에 관심이 없어도 전쟁은 당신에게 관심이 있다."

---

3 이 말을 처음 사용한 뉴욕대 누리엘 루비니 교수는 『위기 경제학』(청림출판, 2010)에서 다음과 같이 말한바 있다. "사실 BRIC's 국가(신흥 경제 4대국가인 브라질, 러시아, 인도, 중국)에 들어갈 자격이 있는 나라가 따로 있을지도 모른다. 그중에서도 한국이 가장 강력한 경쟁자로, 만일 한국이 포함된다면 BRIC은 BRICK이 되어야 할지도 모른다. 한국은 정교한 첨단기술로 무장한 경제대국이다. 혁신적이며 역동적이고 숙련된 노동력을 보유한 국가이기도 하다. 유일한 문제가 있다면 바로 남과 북으로 대치중인 북한의 문제로, 북한이 붕괴된다면 한국은 굶주린 난민들로 넘쳐나게 될 것이다."

2. 어느 인민전선과 병사의 죽음

19세기 카메라의 발명은[4] 미술사에 큰 충격을 주었다. 지금까지 세계를 재현했던 회화(풍경화, 인물화, 정물화 등)가 사진에 '존재자의 재현(representation)'의 과제를 물려준 것이다. 따라서 이제 회화는 눈에 보이는 존재자의 재현이 아닌, 보이지 않는 근원적 '존재의 현시(presentation)'에 관심을 가지게 됐다. 이제 회화는 (하이데거에 의하면) 존재의 비은폐성(A-Letheia)을 통해 예술에서 진리를 드러내려고 한다. 따라서 하이데거는 기술 복제가 만들어내는 사진은 존재의 현시를 원천적으로 드러낼 수 없다고 생각했다. 곧, 단순히 이미지를 재현할 뿐인 사진은 예술이 되지 못하는 것이다.

그러나 발터 벤야민(Walter Benjamin)은 사진의 사회문화적

---

4 프랑스 정부에 의해 공식적으로 사진의 생일이자 사진의 날, 사진 발명의 날로 인정된 날은 1839년 8월 19일이다. 그러나 아직까지 카메라를 발명한 것인지, 아니면 발견된 것인지 혹은 니세포르 니엡스(1765~1833년)가 가장 먼저 카메라를 만들었는지, 니엡스의 동업자인 루이 쟈크 망데 다게르(1787~1851년)가 최초의 발명가인지 혹은 영국의 폭스 탈보트(1800~1877년)인지 논쟁 중이고, 기준과 가치를 어디다 두느냐에 따라 선택이 달라지기 때문에 최초의 사진 발명가를 찾는 것은 어렵다.

의미를 강조한다. 봉건주의적 예술 전통의 결과물인 회화와 비교해 사진은 진보적이고 대중들을 계몽하는데 있어 매우 효과적인 매체라고 생각한 것이다. 러시아의 알렉산더 로드첸코(Alexander Rodchenko, 1891~1956) 역시 사진은 의미 없는 기호나 도구가 아닌 본질 그 자체를 드러낸다고 생각한다. 그에게 있어서 혁명의 물결 속에서 국가를 상대화하고 인민을 강제하는 꿈을 실현하는 데 사진만 한 도구는 없기 때문이다. 조지 오웰이 언급했듯이 "모든 예술은 선전"인 것이다. 『밝은 방: 사진에 관한 노트』에서 사진론을 설파한 롤랑 바르트(Roland Barthes)도 마찬가지이다. 가령, 그에게 있어서 사랑하는 어머니는 돌아가셨지만(곧, 존재자로서의 어머니는 없지만), 존재로서의 어머니는 사진 한 장에 현시되어 있었던 것이다.

〈어느 인민전선파 병사의 죽음〉(1936)

사진 역사상 가장 많은 논란을 일으켰던 작품은 로버트 카파(Robert Capa, 본명은 Andrei Friedmann, 1913~1954)의 〈어느 인민전선파 병사의 죽음〉(1936)이다. 참호 속에서 뛰쳐나가는 순간 머리에 총을 맞고 쓰러지는 병사의 모습은 줌렌즈도 없이 표준렌즈로 촬영하였지만, 실존 인물이 죽어가는 순간을 바로 앞에서 본 듯 당시 사람들에게 커다란 충격을 안겨주었다. 한 장의 사진을 통해 하이데거의 존재자의 재현과 존재의 현시가 하나가 된 것이며 사진은 기호나 도구를 넘어 본질 그 자체가 되어 버렸다.

종군 보도기자의 전설이었던 카파 때문에, 보도사진을 이야기할 때 '포토저널리즘(photo journalism)'[5]에서 회자되는 말로, '카파 이전'과 '카파 이후'가 있다. 카파 이전까지 전쟁을 취재한 기자들은 구경꾼들이었다. 크림 전쟁(1853~1856)부터 제1차 세계대전(1914~1918)까지가 그랬다. 이때의 전쟁 사진들은 전쟁 영웅과 애국성을 강조했다. 전쟁의 당위 속에 아군의 도덕성을 기념하고 칭송했던 것이다. 그러나 카파는 '어느 인민전선파 병사의 죽음'을 통해 종군 기자와 전쟁 사진의 성격을 변화시켰던 것이다.

'어느 인민전선파 병사의 죽음'의 영향으로 피카소(Pablo R.

---

5 취재 대상을 사진 기술로써 표현하고 보도하는 저널리즘을 뜻한다.

Picasso)는 1937년 〈게르니카〉를 그리게 되었고, 헤밍웨이(Ernest Hemingway)는 『누구를 위해 종을 울리나』(1940)를 쓰게 되었다. 카파의 사진 한 장이 스페인 내전의 참혹함을 고발하는 매개가 된 것이다. 플라멩코와 투우로 기억되는 화려한 정열의 나라 스페인의 이면에 있던 폭력성과 욕망을, 전쟁의 참혹함을 단적으로 드러내준 것이다. 이웃 나라인 영국과 프랑스가 19세기 시민혁명을 경험하며 근대 시민사회로 진입할 때, 스페인은 절대적 권한을 가진 왕족과 귀족의 폭정과 부패, 전 국토의 삼분의 일을 차지한 교회의 욕심으로 신음하고 있었다. 과거에 대한 보수적인 집착, 억압적인 사회 분위기, 극심한 지역 갈등으로 끝없는 혼란이 이어지고 있었던 것이다(다시 말하지만, 이것은 21세기 초 대한민국의 상황이 아니라, 20세기 초 스페인의 상황이다!).

1936년 선거를 통해 공화정부가 들어섰으나, 프랑코를 중심으로 한 군부세력은 쿠데타를 일으켰고, 공화정부를 수호하려는 시민들은 의용군을 조직해 저항했으나, 히틀러가 프랑코를 지원하면서 이 스페인 내전(1936–1939)은 단순한 국내 문제가 아니라, 파시즘과 나치즘에 대항하는 유럽의 자유 시민사회와의 대결로 확대되었다. 우리가 전쟁에 관심이 없어도 전쟁은 우리에게 관심이 있는 것이다.

3. 전쟁은 나이 들어가는 여배우 같다. 사진은 점점 잘 안 받으면서, 점점 더 위험해진다.

헝가리 태생의 유태인이었던 카파는 중일전쟁(1938), 제2차 세계대전(1941~1945), 1차 중동전쟁(1948), 베트남 전쟁(1946~1954) 등의 격전지를 누비며 전쟁으로 인한 인간의 잔인함을 고발하고, 더불어 인간의 양심과 세상의 진실을 기록해 나갔다. 이렇듯 현장에 투철하며, 열정과 통찰력 있는 행동주의, 위험을 무릅쓰는 치열한 카파의 정신을 '카파이즘(Capaism)'이라고 한다. 카파는 이렇게 말한다. "진실이야말로 최고의 사진이며 최대의 선전선동이다(The truth is the best picture, the best propaganda)."

〈노르망디 상륙작전〉, 프랑스 오마하해변

카파는 1944년 6월 6일 노르망디 오마하 해변에 상륙하려는 연합군의 제1파 상륙정에 승선했다. 상륙작전이 시작되고, 해안까지 거리는 100미터, 상륙정에 승선했던 군인들은 해변의 모래밭에 닿기도 전에 거의 대부분 죽었다(그날 죽은 군인의 수는 2천여 명). 노르망디 상륙작전이 어떻게 될지도 모르는 불확실한 상황에서 카파는 그 순간을 카메라에 담았다(사진의 흔들림은 당시의 긴박했던 상황을 잘 보여준다). 이 사진은 제2차 세계대전 동안 촬영된 사진 가운데 가장 대표적인 전쟁 사진이 되었다. 카파는 상륙정에 승선하기로 결정한 자신의 심경에 대해 다음과 같이 말한다.

> "종군 사진기자들은 군인들보다 술을 더 많이, 아가씨들을 더 많이, 자유를 더 많이 갖게 되지만, 종군기자들에겐 총도 없이 군인보다 더 위험한 곳을 먼저 선택할 자유의지가 따른다. 안전한 곳을 촬영하며 비겁자가 되어 목숨을 구할 수 있지만 그것은 나에게 고문이다. 종군 사진기자들은 그의 손안에 그의 생명을 지니고 있다. 그리고 그는 그것을 이곳 혹은 저곳에 얹어놓을 수 있으며 최후 순간에 자기 호주머니에 다시 집어넣을 수도 있다. 나는 도박하는 사람이다. 나는 노르망디 해변을 향하는 첫 파도와 함께 가기로 결정을 했다."

사실 전쟁의 참상으로 얼룩진 시대를 묘사하는데 한 장의 스틸사진이 다른 어떤 것보다 더 생생한 메시지를 던져준다. 카파는 카메라 하나로 20세기의 가장 중요한 순간들을 담아내며, '짧지만 더할 나위 없이 드라마틱했던' 삶을 살았다(그는 41살에 죽었다). 또한 포토저널리즘의 새 역사를 썼으며 '20세기의 가장 뛰어난 전쟁 기록 사진 기자'라는 찬사를 받았다. 그리고 전쟁 보도사진이라는 새로운 장을 열게 된 카파는 1947년 여러 사진작가들과 함께 매그넘 포토스(Magnum Photos)[6]라는 보도사진사 에이전트를 만들었다. 매그넘 포토스는 현재까지도 가장 전통적이며 권위 있는 보도사진작가 집단으로 자유롭고 개성이 강한 비판적 사진을 찍으며, 동시대의 현실을 휴머니즘적인

---

6 매그넘은 '크다'란 뜻을 가진 라틴어로, 매그넘 포토스는 창립 시 "세상을 있는 그대로 기록한다"라는 기치를 내걸었으며 20세기 포토저널리즘을 대표해왔다. 앙리 카르티에-브레송(Henri Cartier-Bresson), 로버트 카파(Robert Capa), 데이비드 시무어(David Seymour), 조지 로저(George Rodger) 등의 사진가들이 설립했으며, 속한 회원들의 작품 저작권을 지키고 사진의 자율성을 보장받기 위한 것이 설립취지였다. 또한 사진작품들을 언론사에 판매하는 목적이 있는 사진통신사이기도 했다. 언론사의 전속 사진가와 다르게 자유로운 자신의 입장과 방향을 추구할 수 있어 작품에서도 자신들의 개성과 특징이 잘 드러났다. 매그넘은 까다로운 회원 가입 기준을 가지고 있는데, 아시아권에서는 일본, 인도, 중화민국, 이란이 회원을 배출했으며 현재 우리나라는 아직 회원이 없다.

시각에서 보도하는 것으로 유명하다.

전 세계의 전쟁터를 찾아다니며 전쟁을 보도하던 카파는 1954년 5월 25일 인도차이나 반도에서 벌어진 프랑스와 베트남과의 전쟁을 사진에 담기 위해 프랑스 군인들과 함께 이동하던 중 지뢰를 밟고 생을 마감하게 된다. 카파의 말처럼 "전쟁은 나이 들어가는 여배우 같다. 사진은 점점 잘 안 받으면서, 점점 더 위험해지는 것이다(This war is like an actress who is getting old. It is less and less photogenic and more and more dangerous)." 『에덴의 동쪽』과 『분노의 포도』로 유명하며, 퓰리처상과 노벨문학상을 수상한 종군 기자 출신인 존 스타인벡(John Steinbeck)은 카파를 기리며 다음과 같은 비문을 남겼다.

> "카파의 위대함은 두 가지다. 하나는 우리 시대의 진실 되고 활력이 넘치는 사진들을 가지게 된 것이고 다른 하나는 더 중요한 것인데, 카파는 자신의 주변에 젊은이들을 모아서 격려하고, 가르치고, 심지어 먹이고 입히기조차했다. 무엇보다도 그가 젊은이들에게 베푼 최상의 것은 그들의 예술에 대한 존경과 그것의 실행에 있어서 성실을 가르쳤다는 것이다. 그리고 그는 한 번도 그들에게 카파 자신의 사진과 같은 부류의 사진을 찍도록 요구한 적이 없었다. 그들은 그들의 전 생애에 있어서 카파의 작

은 부분을 지니게 될 것이고, 그들은 카파를 그들의 젊은 이들에게 전할 것이다."

4. 만약 당신의 사진이 마음에 들지 않는다면, 그것은 당신이 충분히 다가가지 않았기 때문이다

화이트 스완이 날아다니는 한반도는 앞으로도 지속적인 '반복되는 위기'가 나타날 것이다. 존경과 성실을 잃은 정치와 언론, 종교는 화이트 스완을 부추길 것이고, 경제와 환경의 블랙 스완도 그리 멀지 않다. 분노가 표심으로 제대로 반영이 되지 않으면 이 땅에 부활의 새 희망은 단지 2,000년 전 예수님의 부활로만 멈출 것이다. 『혐오와 수치심: 인간다움을 파괴하는 감정들』(민음사, 2015)에서 약자를 '비정상'으로 규정하고 배척하려는 심리의 근원을 밝히고, 우리 안에 내재된 폭력성을 경고했던 정치철학자인 마사 누스바움(Martha Nussbaum)은 이렇게 말한다. "분노는 저항과 건설적인 참여라는 목표를 향하는 경향이 있는 반면, 혐오는 도피와 방기로 이어지기 쉽다." 곧, 혐오(disgust)는 자신의 몸 안과 밖이라는 경계와 관련이 있으며 혐오의 감정은 자신을 오염시킬 수 있는 것에 대한 거부를 표현한다. 따라서 혐오는 주체를 대상과 가능한 한 멀리 떨어뜨린다. 동물적인 것, 열등한 것이 나를 오염시킬까 꺼림칙하기 때문에 '회피'하거나 아니면 '대상을 배제'하거나 '말소'하려 한다.

구약 성경에서 우리는 '회피'와 '대상의 배제'와 '말소'를 확인할 수 있다. "여호와 하나님이 아담을 부르시며 그에게 이르시되 네가 어디 있느냐. 이르되 내가 동산에서 하나님의 소리를 듣고 내가 벗었으므로 두려워하여 숨었나이다."(「창세기」 3:9-10)에서 아담의 하나님 회피, "가인이 그의 아우 아벨에게 말하고 그들이 들에 있을 때에 가인이 그의 아우 아벨을 쳐죽이니라. 여호와께서 가인에게 이르시되 네 아우 아벨이 어디 있느냐. 그가 이르되 내가 알지 못하나이다. 내가 내 아우를 지키는 자니이까."(창 4:8-9)에서 가인에 의한 아벨 배제, "아침이 되매 다윗이 편지를 써서 우리아의 손에 들려 요압에게 보내니 그 편지에 써서 이르기를 너희가 우리아를 맹렬한 싸움에 앞세워 두고 너희는 뒤로 물러가서 그로 맞아 죽게 하라 하였더라."(삼하 11:14-15)에서 다윗의 우리아 말소, 나아가 현재 남한의 북한 회피와 배제와 말소가 그러하다.

그러나 분노(anger)는 주체로 하여금 대상으로 다가가게 만든다. 논박을 하든 보복을 하든, 어쨌든 주체는 대상과 마주쳐야 하는 것이다. 따라서 차이를 비정상으로 간주하는 '혐오'가 아니라, 부당함에 반대하는 '분노'의 감정이 판단 기준이 되어야 한다. “분노는 해로움 또는 손상에 대한 반응이며, 부당함을 바로잡으려는 목적을 지닌다”고 말하는 누스바움의 말은 이러한 맥락에서 타당하다. 인간의 불완전성을 부정하고 ‘정상/비정상’을 구분 지으며 타자를 배제하려는 자기애(narcissism)에서 비롯된 감정들이 정치적 성숙을 방해하며, 신앙적 깊이를 거두어 버리는 것이다.

오늘 이 땅은 ‘분노해야 하는 것’을 ‘혐오하게 되는’ 이상한 나라가 되어버렸다. 왜냐하면 카파이즘을 따르는 기자도(언론의 문제는 영화 〈내부자들〉이 정말 잘 포착했다), 존재의 진리를 탈은폐(A-Letheia)하려는 정치도, 존재자의 재현을 통해 존재의 진리를 현시하려는 신앙도, 목회도 없기 때문이다. 따라서 카파의 “만약 당신의 사진이 마음에 들지 않는다면, 그것은 당신이 충분히 다가가지 않았기 때문(If your pictures aren't good enough, you're not close enough)”이라는 말은 그래서 더욱 우리들에게 처절하게 들려온다. 다음의 이사야 말씀도 그렇다!

> “여호와께서 말씀하시되 오라, 우리가 서로 변론하자. 너희의 죄가 주홍 같을지라도 눈과 같이 희어질 것이요. 진홍 같이 붉을지라도 양털 같이 희게 되리라. 너희가 즐겨 순종하면 땅의 아름다운 소산을 먹을 것이요. 너희가 거절하여 배반하면 칼에 삼켜지리라. 여호와의 입의

말씀이니라." (「이사야」 1:18－20)

4장

부활 예수, 매화 예수, 아우라 없는 예수: 도마, 사진-신학의 세례요한

매화

절벽에 매화 한 그루 바위틈에 끼어 있구나
그렇게 구차하게 살아도 좋다하네
청산에 비껴 서서 굽어 보며 사노라네
청산에 비껴 서서 굽어 보며 사노란다네
꺼꾸로 매달려도 제 멋 제 철을 못 이기어
눈 쌓인 그 사이로 방긋이 피었구나
멋없는 잣나무들이사 그 마음을 어이 안다하리

절벽에 매화 한 그루 바위틈에 끼어 있구나
그렇게 구차하게 살아도 좋다하네
청산에 비껴 서서 굽어 보며 사노라네
청산에 비껴 서서 굽어 보며 사노란다네

— 김인곤 작시, 김규환 작곡

1. 매화예찬: 부활 예수

겨울에도 푸르름을 잃지 않는 소나무와 대나무, 그리고 매화를 세한삼우(歲寒三友)라 한다. '겨울철의 세 벗'이라는 뜻으로, 흔히 한 폭의 그림에 그려서 '송죽매(松竹梅)'라고 한다. '지조 있는 선비인 군자'를 상징하기도 하며, '탄탄대로를 걷다 인생 밑바닥에 떨어졌을 때도 변치 않고 찾아주는 친구'라는 뜻으로도 쓰인다고 한다. 세한삼우 가운데 매화와 대나무에 국화와 난초를 더한 것을 매란국죽(梅蘭菊竹)'이라고 한다. 이 4가지 초목과 꽃을, 기품이 있고 고결한 군자와 같다 해서 사군자(四君子)라고 한다. 이들은 춘하추동의 순서대로 이 험난한 한반도 땅에 피어나고 자라고 있다.

〈하동 매화 1〉

특히 사군자 가운데 매화는 다섯 장의 순결한 백색 꽃잎을 가진 아름다운 꽃이며 그 모습이 애처로우나, 은은한 향기를 지녔다. 매화의 꽃말은 '인내, 품격, 기품'이라고 한다. 봄소식을 가장 먼저 알려주는 매화는 눈 속에서도 꽃을 피운다. 찬서리를 이겨내는 강인한 성정이 고난과 역경을 극복해 가는 선비의 의연한 자세와 닮았다 하여 군자의 꽃인 것이다. 굳이 헬조선이라 말하지 않아도 아이들은 눈치 밥 때문에, 어머니들은 가정 형편 때문에, 아버지들은 퇴직 때문에, 청년들은 일자리 때문에 이래저래 힘든 세상살이이다. 그럴수록 매화와 같은 고결한 지조로써 힘든 겨울을 이겨내는 강인함이 그립다. 외세의 억압에도 굽히지 않고 불의에 물들지 않으며 오히려 맑은 향을 주위에 퍼뜨리는 매화의 모습에서 우리는 사순절 고난을 이기고 승리하신 예수 그리스도의 부활을 보게 된다.

2. 아우라 없는 예수: 사진 신학의 세례요한, 도마

「요한복음」 20장에는 예수님의 열두 제자 중의 하나인 디두모라 불리는 도마에 대한 이야기가 나온다. 예수께서 부활하신 날 저녁 모임에 없었던 도마는 예수님의 부활을 믿지 못한다. "내가 그의 손의 못 자국을 보며 내 손가락을 그 못 자국에 넣으며 내 손을 그 옆구리에 넣어 보지 않고는 믿지 아니하겠노라."(요20:25) 여드레를 지나서 제자들이 다시 집 안에 있을 때 예수께서 다시 나타나시어 도마에게 손의 못 자국과 옆구리의 창 자국을 확인시켜 주시며 '믿는 자가 되라'고 말씀하신다. 이에 도마는 "나의 주님이시오, 나의 하나님이시니이다(28)"고 고백한다.

도마는 감성적인 인간이었다. 부활하신 예수를 자신의 손으로 만져야만 했다. 또 눈으로 보아야 했다. 사실 사진 미디어는 인간의 '감성적 측면'과 '이지적 측면'을 종합하는 기능이 있다. 만지고, 찍고, 보는 기능은 미디어의 감성적 측면이 강조되는 반면, 말하고, 전시하고, 회상하는 기능은 이지적 측면이 강조된다. 아무튼 감성적인 인간이었던 도마는 그의 복음서에서 감성을 넘어선 깨달음의 경지를 우리들에게 보여준다. 사진 미디어의 감성적 측면이 한 장의 사진을 통해(회상하는 기능?) 감성을 넘어 깨달음을 허락한다.

롤랑 바르트(Roland Barthes)가 푼크툼(punctum)을 통찰한 까닭은 그의 어머니의 죽음과 그로 인한 우울증 때문이었다. 어머니의 유품을 정리하며 그 어떤 사진도 어머니를 재현할 수 없다는 사실에 절망을 느낀 바르트는 어느 날 어머니의 다섯 살 아이 시절의 사진을 발견하게 된다. 그리고 이 사진 속에서 어머니의 모든 것을 느끼게 된다. 푼크툼, 곧 '사진 안에서 떠돌아다니는 그 무엇'을 깨닫게 된 것이다. 그리고 이것은 바르트만이 느낄 수 있는 어떤 '찌름'의 모습이지, 무관심한 타인이 발견할 수 있는 보편적 이미지는 아닌 것이다. 이처럼 도마에 의해 우리는 예수에 관한 전통적인 아우라(aura)가 벗겨지기도 하지만 또 다른 신앙의 신비를 엿볼 수 있게 되었다.

사실, 114개의 어구로 이루어져 있는 「도마복음」은 동양적이고 신비적인 색채를 지녔다. 신약 성서의 다른 복음서들과는 달리 예수를 신의 대변자나 신의 아들이라기보다는 '깨달음에 이른 영적 스승'의 모습으로 묘사한다. 따라서 「도마복음」에 의하면 예수는 자신을 통해서가 아니라, 제자들 각자의 내면의 자각을 통해 하늘나라에 이를 수 있음을 말하고 있다. 곧, 믿음이 아니라, '깨달음'(그것도 소수의)을 강조하는 것이다.

> 예수께서 말씀하셨습니다. "나는 여러분을 택하려는데, 천 명 중에서 한 명, 만 명 중에서 두 명입니다. 그들이 모두 홀로 설 것입니다." (「도마복음」, 23절)

깨달음의 길은 지극히 어렵다. 복음서에서도 마찬가지 아닌가? "좁은 문으로 들어가라. 멸망으로 인도하는 문은 크고 그 길이 넓어 그리고 들어가는 자가 많고(마 7:13, 눅 13:24)", "청함을 받은 자는 많되 택함을 입은 자는 적으니라(마 22:14)"는 말씀을 보라.

힌두교에서는 구원에 이르는 길을 세 종류로 나눈다. '깨달음의 길(jnana marga), 헌신의 길(bhakti marga), 행함의 길(karma marga)'이 그것이다. 깨달음의 길이란 우주의 실재를 꿰뚫어보는 통찰과 직관과 예지를 통해 해방과 자유에 이른다는 것이고, 헌신의 길은 어느 특정한 신을 믿음으로 구원에 이르는 것이며, 행함의 길이란 도덕규범이나 규율을 잘 지키거나, 남을 위한 희생적인 헌신을 통하여 구원에 이른다는 것이다. 모두 자기중심성을 극복하여 새사람으로 변화되는 것을 그 특징으로 하고 있다. 그러나 이 가운데 깨달음의 길은 상근기(上根器)에 속하는 소수에게만 가능한 것이라고 한다.

따라서 '예수의 말씀에 따라 깨달음에 이르므로 모두 예수처럼 자유인이 되라'는 「도마복음」보다 '예수를 믿고 은혜의 선물로 주는 영생을 얻으라'는 「요한복음」의 구원의 길이 정경이 되고, 인정이 된 것은 그만큼 신앙의 깊은 차원을 알 수 없었던 일반인(혹은 민중)들을 위한 복음의 보편성이자 해방 지향성이라고 할 수 있(기도 하지만, 기독교에 군자의 멋을 잃어버린 아쉬움도 남는)다.

'대중기만의 도구'로 대중문화를 비판했던 미학자 아도르노(T. W. Adorno)와 달리 발터 벤야민(Walter Benjamin)은 대중문화를 문명의 진보를 위한 도구로 본다. 따라서 벤야민은 사진 미디어를 통해 원본과 복제본의 관계, 기술과 마술, 현실과 초현실 간의 관계에 대해 논하는데, 사진에는 일반 회화에서 보여주지 못하는 무의식의 세계가 존재한다고 본다. 베일에 가린 채 먼 곳에 놓여 있던 종교적, 권위적 및 전통적 아우라(벤야민에게 있어서 아우라는 '가까이 있으면서도 가까이 다가설 수 없는 느낌, 작품을 대하는 주체가 그 대상과의 관계에서 만들어지는 어떤 종류의 거리이다)는 사진과 같은 '순간의 미학'에 의해 클로즈업되고 복제되어 만인에게 전시되고 공개될 때 사라지게 된다. 그러나 동시에 가깝게 다가 온, '벗겨진 아우라의 새로운 현실'은 또 다른 신비 체험을 가능하게 하고, 새로운 가치를 부여한다. 도마가 예수의 손에 있는 못자국과 옆구리의 상처를 만져 보려고 한 것은 바로

이 때문이 아닌가?

따라서 일방적이며 폐쇄적인 전통적 아우라는 사라졌지만, 사진 미디어를 통해 도달한 경험 세계에서 우리는 또 다른 현실과 추상 간의 긴장을 경험하게 되는 것이다. 도마가 이후 감성적 인간에서 깨달음을 추구한 「도마복음」의 저자가 되었듯이, 이것은 아우라란 예술 작품이 원본이라는 대상적 속성과 결부되기도 하지만 그와 동시에 그 예술 작품을 대하는 주체의 주관적 경험에서 비롯되기 때문이다. 따라서 감성이 이지적으로 전환되는 시점을 깨달음의 차원으로 승화시킨 도마는 사진신학의 세례요한이다. 그에게서 우리는 아우라 없는 예수를, 그러나 나만의 예수를 발견하게 된다.

3. 매화 예수

2000년 전 부활하신 예수는 김인곤의 시와 같이 절벽 바위 틈 매화 한 그루의 모습에서 세상 죄 지고 가신 어린양의 모습으로 발견된다. 혹은 세상을 비켜서서, 사람을 굽어보는 매화에게서 우리는 도마가 들려주는 예수의 진솔한 삶을 경험하게 된다. 눈 쌓인 바위틈으로 방긋이 피어나는 매화는 십자가 고난을 이긴 부활의 예수를 우리들에게 그려준다. 인생의 험난한 길을 걷다 밑바닥에 떨어졌을 때도 변치 않고 찾아주는 친구인, 아니 아예 죄인들의 친구인 예수는 매화를 통해 우리들에게 변치 않고 다가온다. 자, 지금 그 순간을 찍을 준비가 되었는가? 늦으면 늦으리!

〈하동 매화 2〉

5장

사진-신학의 도전: 아드 폰테스, 거룩함으로 돌아가라!

"여자가 이르되 메시야 곧 그리스도라 하는 이가 오실 줄을 내가 아노니 그가 오시면 모든 것을 우리에게 알려주시리이다." (「요한복음」 4:25)

1. 사진의 도전: 회화가 근본으로 돌아가다.

미학의 역사에서 칸트(I. Kant)는 고전주의를 벗어나 근대를 연 사상가이다. 고전주의는 미란 '본질을 현시하는 것'이라는 입장이다. 일정한 규칙(본질, 혹은 진리)을 정해놓고 그것과 예술작품이 1:1로 대응하면(혹은 잘 묘사하면) 아름다운 것이다. 따라서 예술작품은 파르테논 신전과 같이 수치 비례적으로 완벽에 가까워야 하며, 예술은 진리와 도덕과 종교에 종속되어야한다. 나아가 모든 사물과 사건은 '진'리→ −'선'함→'미', 곧 진선미(眞善美)의 순서로 가치가 매겨지는 것이다. 미스코리아의 순위처럼.

그러나 근대가 열리면서 예술은 본질로부터 탈피하여 물질을 통한 감성의 창출, 대상의 상실, 현실의 주체적 해석, 상상 공간의 창조, 의미의 배제 등으로 새롭게 변화된다. 그 시작에 칸트의 미학이 놓여 있는 것이다. 칸트에 따르면 미는 개인적인 느낌을 따르는 것이다. 미란 인식이 아니라, 쾌감이다. 따라서 예술의 본질은 진리의 내용에 있지 않고, 예술의 형식에 있는 것이다. 이러한 맥락에서 예술가는 스스로 규칙을 세워 아름다움을 창조하는 '천재'이지, 고전주의 예술가처럼 일정한 규칙을 따라 자연을 모방하는 '장인'이 아니다.

이제 '미는 수단이 아니라, 목적'이 된 것이다. 예술은 더 이상 윤리적인 가치를 가질 필요가 없다. 오로지 고유의 미적 자율성만 가지면 되는 것이다. '순수한 형식의 조합과 상상력의 놀이'로 예술이 거듭나는 것이다. 그리고 사진술의 발명[7]은 회화의 위기이기도 했지만, 회화가 자신의 근본인 형과 색으로 돌아가 형식의 자유로운 유희를 창출할 수 있게 되었다. 사실 사진은 풍경화와 인물화, 정물화 등 회화가 재현 대상으로 삼았던

7 사진은 공식적으로는 1839년 8월 19일 프랑스인 루이 자크 망데 다게르(L. J. M. Daguerre, 1789~1851)에 의해 발명되었다. 그러나 이미 최초의 사진은 그보다 10여 년이 앞선 1820년대 중반 역시 프랑스 사람 조셉 니세프르 니엡스(J. N. Niepce, 1765~1833)에 의해 만들어졌다. 물론 사진영상에 대한 이론적이고 실천적인 자각은 그보다 훨씬 이전인 1500년대 레오나르도 다빈치로부터 시작되었다.

모든 것들을 더 잘 재현할 수 있게 되었다. 고전주의에 입각한 사람들에게 사진은 회화보다 더 수치 비례적으로 대상과 가까운 것이기에 회화는 종말을 고할 것이라 생각했다. 그러나 이때 회화는 선과 색, 곧 형태와 채색이라는 회화의 근본으로 돌아가며 위기를 극복한다.

차가운 추상의 몬드리안(Piet Mondrian)의 작품이나 뜨거운 추상의 칸딘스키(Wassily Kandinsky)의 작품. 그리고 추상표현주의 잭슨 폴록(Jackson Pollock)의 작품은 바로 회화가 그 자신의 근본인 '형'과 '색'으로 돌아갔음을 잘 보여준다. 그리고 이때 회화는 폭발적으로 부활하게 된다. 현대 미술이 탄생된 것이다.

몬드리안의 작품 활용

잭슨 폴록의 작업 모습

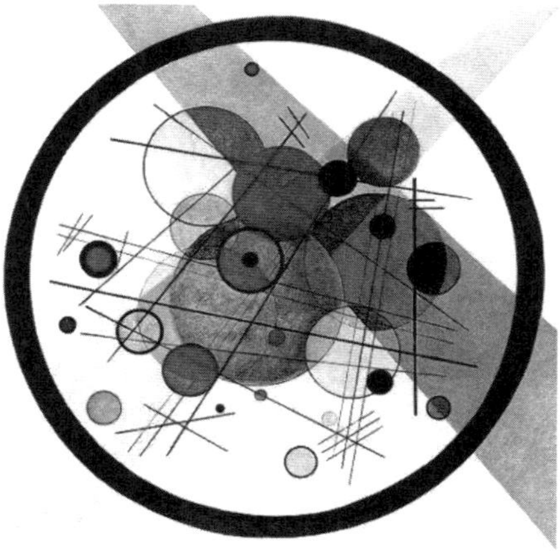

칸딘스키 〈원속의 원〉

2. 사진-신학의 도전: 신학이 근본으로 돌아가야!

구약성서의 하나님은 노예들을 해방시키는 분이며 신약성서에서 신은 직접 사람이 되어 힘없고 억압당하는 이들을 위해 자신을 희생한 분으로 묘사된다. 따라서 진정으로 예수님의 제자로 살아가려면 교회는 억압받고 고통 받는 이들을 살리기 위해 노력해야 한다. 교회는 가난해져야 한다. 그러나 지금의 교회는 가난한 사람을 살리기 보다는 교회 자체의 존재를 우선시하고 있다. 돈이 없어서 사라진 종교는 없으며 돈이 많아서 망하지 않은 종교도 없다. 번영신학을 통해 대형교회를 지향하는 한국교회의 분위기 속에, '목회'가 아니라, 교회라는 단체를 '경영'하는 데 혈안이 되어 있는 것이다. 한국교회의 저 찬란한 정교분리를 통한 내세축복을 바라는 기복신앙과 현실적 맘몬에 가치를 둔 실용주의가 그 근저에 놓여 있기 때문이다. 근본으로 돌아가야 한다. 회화가 사진을 만나 자신의 정체성의 위기의 때에 근본으로 돌아가 새로운 지평을 개척한 것처럼 신학도 교회도 위기의 때에 근본으로 돌아가야 한다.

류대영 교수의 『한국 근현대사와 기독교』(푸른역사, 2009)를 보면 한국 개신교의 정치성을 역사적으로 읽어낼 수 있다. 이 땅에 첫 개종자를 배출한 이래 개신교는 줄곧 문명과 야만, 중화와 서방, 자본주의와 공산주의가 격돌하는 이데올로기 전쟁의 최일선에 서 있었기 때문이다. 개화기의 개신교는 '진보의 전도사'였다. 한글 보급과 출판을 통해 민중을 계몽하고 축첩, 조혼, 신분제 같은 전근대적 구습과 대결하는가 하면, 인권을 신장하고 민족의식을 불어넣어 지식인과 민중의 고른 지지를 받았다. 그러나 '1907년 평양 대부흥 운동'을 계기로 한국 개신교는 뚜렷한 탈정치화 경향을 띠면서 내세지향적인 감성 종교로 탈바꿈하게 되었다. 이후 1920년대에 유입된 '사회주의와의 충돌'은 뿌리 깊은 반공주의의 기원이 되었고, '반공의 신학화'는 해방과 한국전쟁을 겪으면서, 월남한 교계 지도자들에 의해 더욱 견고해졌다. 2000년대 초반부터 본격화된 '보수 개신교의 정치적 세력화'는 마니교적 선악이원론과 종말론적 위기의식, 80년 광주를 지나면서 시작된 친미주의 세계관의 균열에 대한 불안 등이 정치적 보수주의와 유착되어 일부 교회의 정치적 행동주의를 추동했다는 것이다.

다시금 전근대적인 구습이 한국사회를 드리운 이때 '한국교회사의 아드 폰테스(ad fontes, 근본으로 돌아가라)'인 개화기의 개신교로 돌아가야 할 것이다. 버나드 쇼는 이렇게 말했다. "역사가 되풀이되고 예상치 못한 일이 반복해서 일어난다면 인간은 얼마나 경험에서 배울 줄 모르는 존재인가."

3. 거룩하신 하나님과 거룩 체험: 〈리차드 기어 사진전-순례의 길〉

초월적인 신의 세계가 인간의 세계 안으로 직접 들어와 서로 만나는 상태를 종교철학에서는 '누미노제(Numinoze)'라고 한다. 이 특별한 용어는 종교학자 루돌프 오토(R. Otto)가 말한 것으로 '명확한 표상을 이룰 수 없는 초자연적 존재'라는 의미의 라틴어 누멘(Numen)에서 따온 말로, 과학적으로 설명될 수 없는 초자연적 신비의 경험이라는 의미이다. 신학이 근본으로 돌아가도록 만드는 사진-신학의 도전은 무엇인가? 그것은 바로 거룩하신 하나님과 만나는 거룩의 체험(불교식으로 이야기하자면 깨달음)을 회복하는 일이다. 그러한 신비체험은 사진에서는 어떻게 존재할까?

지난 2011년 6월 22일부터 한 달간 〈리차드 기어 자선 사진전-순례의 길〉을 전시한 미국의 영화배우 리차드 기어(Richard Gere)는 사진에 관해 이렇게 말한다. "네모난 상자 안에 세상을 편집하는 정치적 작업이며 사진은 삶을 특정한 형태로 필름에 집어넣는 영화와 작업 과정이 대단히 비슷하다. 또한 (사진으로) 세상을 어떻게 편집할 것인지에 대한 결정은 이성이 아닌 감성에서 비롯된다."라고 말한다.

2,500년 전 히말라야에서 불교가 발생한 후 종교적 순수성을 그대로 간직하고 있는 티베트를 비롯해 네팔, 부탄, 몽골 등 깨달음의 나라들을 배경으로 불교적 깨달음을 사진으로 찍고자 한 리차드 기어는 "깨달음이야말로 곧 우리 안에 있다."라고 한다. 〈기다림-잔스카르〉에서 티베트 사람들은 지금 무엇을 기다리고 있는 것일까? 티베트의 독립일까? 린뽀체[8]인가? 0.1초의 주이상스(jouissance)와 숭고(sublime), 그리고 거룩의 체험(Numinoze)을 통해 기다림은 억압받고 고통 받는 이들에게 새로운 희망을 주는 것일까?

〈기다림〉-잔스카르

8 린뽀체란 과거의 생에서 출가 수행자로 수도에 전념하다가 죽은 후 다시 인간의 몸을 받아 환생하였다는 것이 증명된 사람을 말한다.

〈붕대를 감은 여인〉에서 이들이 기다린 것은 '콩라 라토 린뽀체'이지만, 그것은 곧 숭고와 신비, 거룩 체험과도 연결된다. 그들의 얼굴과 모은 두 손에서 이성의 논리가 아닌 감성의 외침이 보인다. 사진에도 설명문이 붙어 있다. "이 사람들은 (중국이 티베트를 침공한) 1959년부터 '콩라 라토 린뽀체'를 기다렸다. 축복을 받기 위해, 치유되기 위해, 그리고 공양물을 올리기 위해 왔다."

〈붕대를 감은 여인〉

사마리아 우물가의 여인은 고백한다. "메시야 곧 그리스도라 하는 이가 오실 줄을 내가 아노니 그가 오시면 모든 것을 우리에게 알려주시리이다."(요 4:25) 예수께서는 말씀하시기를 "네게 말하는 내가 그라."(요 4:26)하셨다. 린뽀체든, 주이상스든, 누미노제든 지금 신학과 목회에 필요한 것은 바로 이것이다. 아드 폰테스! 종교의 근본인 거룩함으로 돌아가라. 이성의 현란한 논리를 넘어 상식에 기초한 사람들의 감성의 소리를 들어라. 예수를 만나라. 지금 이 땅에 우리와 함께 아파하고 있는! 거기에 기장의 살길이, 이 민족의 살길이 있다. 그리고 이 글을 읽는 당신의 살 길이 있는 것이다.

6장

사진-신학에 도전하는 사진기와 경계 해체의 '사진회화'

"언젠가 세상은 영화가 될 것이다." (질 들뢰즈)

1. 사진기와 사진의 문제: "사진기가 살인하다."

수전 손택은 『사진에 관하여』 제1부에서 사진을 찍는 약탈적 속성을 설명하면서 영어 동사 'shot'이 '사진을 찍다'와 '총을 쏘다'의 두 가지 뜻을 모두 가지고 있음을 지적한다.[9] 따라서 어떤 대상의 사진을 '찍는(shot)' 순간, 그 대상에 어떤 다른 것이 '관통(shot)'되는 것이다(총알이라고 하면 쉬울 것이다). 가령 2011년 10월 20일 리비아를 42년간 철권 통치했던 무아마르 카다피(Muammar Gaddafi)가 시민군에 의해 체포되는 과정에서 사망한

9 수전 손택, 이재원 역, 『사진에 관하여』(이후, 2005), 15-48.

적이 있다. 배수구에 숨어있다 끌려나온 카다피는 그 카리스마 넘치던 모습과는 거리가 먼 연약하기 짝이 없는 노인의 모습이었으며(《사진 6-1》) 성난 시민군은 그를 무자비하게 폭행하고 총격을 가해 죽여 버렸고 근처의 한 정육점 냉장창고 콘크리트 바닥에 펼쳐진 매트릭스 위에 올려놓았다. 창고 밖에는 카다피의 시신을 보려는 사람들이 몰려들어 줄서서 기다리다 순서에 따라 안으로 들어온 사람들은 휴대폰으로 시신을 찍었다(《사진

〈사진 6-1〉 끌려나온 카다피

〈사진 6-2〉 카다피의 시신을 찍는 사람들

6-2〉).

카다피의 살해와 사진을 통한(찍고 전파함으로) 시신에 대한 모욕은 궁극적으로 생전에 그가 가졌던 '공식적인 이미지를 무너뜨리는' 정치적인 목적이 시행되었던 것이며, 42년 동안 살아 있는 신처럼 리비아 국민들 위에 군림했던 카다피였지만 냉장창고 안에 전시된 그의 실상은 비루하기 짝이 없던 노인의 형상에 불과해 공포와 철권통치의 종말을 눈으로 보게 만든 것이다. 벗겨진 모자 아래로 드러난 그의 머리는 보기 흉할 정도로 머리칼이 빠져 있었다. 평소에 입고 다니던 멋진 아프리카 패션을 벗겨내자 드러난 것은 여느 노인과 다르지 않은 노화한 몸뚱이였다. 사진기는 이를 사실적으로 찍었고, 동시에 사진기는 또 다른 사실을 창조했다. 여기에 사진기와 사진의 문제는 시작된다. 구경꾼들이 카다피의 시신을 찍는(shot) 순간 휴대폰이라는 촬영기계이자 저장기계가 카다피의 이미지를 파괴하였다(shot). 그 어떤 순교의 의미도 덧 붙일 수 없는 사물화 된 대상으로 전락했기 때문이다.[10] 따라서 카메라는 이미지를 훔치는 동시에

---

10 그러나 2011년 5월 파키스탄의 어느 한적한 마을에서 은신하던 중 미국 특수부대 요원들에게 사살된 오사마 빈 라덴의 경우는 달랐다. 오바마 대통령은 백악관 상황실에 앉아 투입된 요원들의 헬멧에 장착된 비디오카메라로 송신된 동영상을 통해 사살 작전을 지켜보았으며, 이후 빈 라덴 사살 장면과 시신 공개를 거부하여 비밀리에 시신을 수장

파괴하는 '약탈 무기'가 된 것이다. 이를 더욱 극단적으로 잘 보여주는 것이 알카에다의 인질 참수 사진(및 동영상)이다.

인질 참수 동영상은 어떤 미학이나 테크닉도 사용하지 않은 고정된 카메라로 조잡하게 찍은 것임에도 불구하고 압도적인 현장감과 박진감을 발산한다. 중요한 것은 사진, 혹은 카메라의 존재여부이다. 카메라가 있기에 이러한 잔인한 참수형이 계획될 수 있었고, 또한 동시에 이를 보고 치를 떠는 전 세계의 선량한 시청자들이 존재하기에 사진은 참수형을 전파한다. 결과적으로 카메라와 인터넷이라는 기술이 살인을 지령하고 실행한 것이다. 목하 사진기와 사진이 살인을 한 것이며, 들뢰즈의 말처럼 이제 세상은 영화가 되었다.

따라서 사진기와 사진을 통한 카다피와 알 카에다의 사례는 확실히 우리가 이상한 시대를 살고 있음을 보여준다. 첨단 광학과 전자 통신 테크놀로지는 우리의 시각 체험에서 물리적, 시간적 거리의 장애를 삭제했으며, 동시에 우리는 오늘날 존재

하였다. 빈 라덴의 처참한 사진을 공개할 경우 미국에 대한 강한 분노를 유발할 수 있기 때문이라는 이유였다. 그러나 사실 카다피보다 더 끔찍한 최후를 맞이한 독재자도 있었다. 바로 이탈리아의 파시스트 무솔리니이다. 그는 연합군이 들어오자 도주하던 중 항독 빨치산들에게 체포되어 부인과 더불어 처형된 뒤, 둘이 함께 건물에 거꾸로 매달렸다고 한다. 무솔리니의 끔찍한 최후를 목격했기 때문에 히틀러는 자신이 자살한 뒤 자신의 사체를 소각해 달라고 부탁했다고 한다.

하는 모든 것과 또한 존재했던 모든 것을 볼 수 있는 시대를 살고 있음을 보여준다. 일찍이 폴 비릴리오(P. Virilio)는 시각 테크놀로지가 전쟁기계로 작동하는 과정에서 그것의 주체인 인간조차 기계화되는 양상을 진단하였다. 속도와 시각과 전쟁을 접목하고 기술이 개입된 시각 체계의 공격성과 위험성을 경고하였는데, 그의 '질주학(dromology)'[11]이나 '지각의 병참학'[12]이라 불리는 독창적 이론은 '속도와 시각을 강화하려는 기술은 결국 전쟁으로 귀결'되며, 시각 기계의 발명과 전쟁 테크놀로지는 밀접한 관계가 있음을 지적하였다.

---

11 질주학(dromology)은 그리스 말로 경주를 뜻하는 'dromos'에서 온 것으로 속도의 과학(혹은 논리)를 의미한다. 질주학은 전쟁과 근대 미디어와 연관된 사회의 구조화를 고찰할 때 필요한 것으로 어떤 것이 발생하는 속도는 그것의 본질적 특성을 변화시킨다는 것이다. 가령 빠른 속도로 움직이는 것이 더 느린 것을 지배하게 되며 '영토를 통제하는 자가 누구든지 그것을 소유한다'는 것이다. 질주학 이후 이제 영토의 소유는 일차적으로 법과 계약에 관한 것이 아니라, 무엇보다도 운동과 유통/순환(circulation)의 문제가 되어 버렸다.

12 현대전쟁에서 병참학은 인력과 탱크, 연료 등의 이동을 의미할 뿐만 아니라, 전장에서 또 전장으로 이미지들의 이동을 의미한다. 비릴리오는 CNN의 등장과 보도기자(newshound)에 대해 언급하는데, 기자는 CNN에 보낼 이미지를 획득하여 공중에게 방송되게 할 수 있다. 그러나 이러한 이미지의 이동은 갈등을 촉발시킬 수 있다(비릴리오는 로드니 킹 사건의 영상을 방송한 후에 벌어진 사건의 예를 든다). 전장(field of battle)은 지각의 장(field of perception)으로서 변환되었다.

"진보된 기술 네트워크는 21세기 지구의 어떤 곳, 어떤 활동도 한눈에 내다 볼 수 있는 원격감시를 발전시키는데 기여하며, 사이버광학은 과거의 미학이나 민주주의의 윤리학을 허물며 전체주의적 위험을 만들어 낼 수 있다."[13]

따라서 사진-신학에 도전하는 사진기와 사진의 이러한 속성을 간파하여 창조적으로 선용해야 할 것이다.

2. 경계 해체의 '사진회화': 리히터의 〈루디 삼촌〉

사진기와 사진의 도전을 창조적으로 선용한다는 것은 어떤 방법일까? 그것은 바로 '사진회화'이다. 시각으로 보이는 것과 보이지 않는 것을 명확히 구분하고 보이는 것을 빠르게 전달하

13 신성환,「폴 비릴리오의 전쟁론과 시각 테크놀로지의 상관성」,『인문연구』 66호, 영남대학교 인문과학연구소, 2012. 12, 246. 카다피 관련 내용은 위 논문에서 참조하였음.

여 새로운 현실을 창조하는 사진기의 저 담론적 속성을 경계 해체함으로 새로운 지평을 보여준 사진회화야말로 사진-신학이 직면하게 될 모순을 그 발생사적 기원에서부터 흐트러 버린다. 여기에 게르하르트 리히터(Gerhard Richter)[14]가 있다. 그는 미술적으로 혼합을 선호한 작가였다. 동독 출신이지만 서독과 파리를 여행하면서 전통적인 고전주의 회화 양식이 아닌 새로운 예술 환경으로부터 많은 영향과 자극을 받게 된다. 특히 1959년 두 번째 서독 여행에서 관람한 〈카셀 도큐멘타 Ⅱ〉전시회는 그의 예술인생에 있어서 새로운 전환점이 된다. 이 전시회에 전시된 잭슨 폴록(J. Pollock), 바넷 뉴먼(B. Newman)의 작품을 통해 당시 현대미술의 새로운 흐름인 추상 미술을 접하게 되는데 이 과정에서 리히터는 동독의 정치 이데올로기에 구애받지 않는 새로운 추상의 매력에 빠지게 된다. 이러한 새로움은 리히터가 추구할 '제 3의 길(Third Path)'을 가능하게 했다. 결국 그는 전통적인 고전주의 예술과 현대미술을 접합시킬 은명을 타고난 것

---

14 1932년 동독의 드레스덴에서 태어나 1961년 서독으로 이주하기 전까지 스탈린 체제와 나치즘의 영향을 받으며 예술가로 성장했다. 1950년 드레스덴 미술 아카데미에 입학하여 벨라스케스(D. Velazquez), 렘브란트(H. Rembrandt) 등의 고전주의 대가들에게서 영향을 받았으며, 디에고 리베라(D. Rivera), 파블로 피카소(P. Picasso)에게 사사 받으며 전통적인 고전주의 회화 양식을 습득하였다.

이다. 그것이 바로 사진회화이다. 그림을 그리되 사진처럼 그린

리히터, 〈루디 삼촌〉(1965)

회화인 것이다.

〈루디 삼촌〉(Uncle Ludi)(1965)은 리히터의 인간적이면서도 개인적인 부분을 특히 잘 투영한 작품이다. 배경과 사람을 흐려 놓아서(경계 해체) 사람이 반투명해 보이는 것 같기도 하고, 마치 심령사진 같기도 하다. 리히터는 이렇게 말한 적이 있다. "나는 스타일이 없는 것을 좋아한다. 사전, 사진, 자연, 나와 내 그림들-왜냐하면 스타일은 폭력이고, 나는 폭력적이지 않기 때문이다." 따라서 스타일을 없애기 위해 리히터는 '흐리기 효과

(blur)'를 사용하였다. 이 효과는 매체의 측면에서, 사진과 회화라는 매체의 차이를 흐리기 위한 장치이기도 하고 주제의 관점에서는, 대상을 손으로 잡지 못하게 함으로 작품에 최종적 의미를 주지 않으려는 의도가 있다.

사진회화 속 주인공의 복장을 보라. 저 코트와 모자는 당시 독일 나치 장교들의 복장이었다. 독일의 나치는 전 세계적으로 비난을 받았으며, 사진 속에서 웃고 있는 루디 삼촌(Rudolf Schonfelder)도 결국 나치의 일원이 되지만, 리히터의 눈에는 단지 그의 가족이자 삼촌이었다. 사실 대부분의 사람들은 나치 시대의 독일 군인을 생각하면 폭력적이고, 비인간적이며 무자비한 군인으로 생각하게 된다. 그러나 이 작품 속에서 다정하게 웃고 있는 군인은 마치 옆집 아저씨 같은 푸근함과 정다움이 느껴진다. 따라서 사진회화는 사진기와 사진의 약탈성을 제거하고 상상 속 이미지를 회상함으로 사진이 보여주는 이미지가 아니라, 회상한 상상의 이미지로 우리의 감각을 일깨우고, 공감의 감정을 불러일으킨다. 여기서 사진이 제공하는 시각 이미지는 그 기능을 상실해 간다.

사실 리히터의 사진회화는 구체적인 과거 사건을 기억하게 한다는 점에서 '역사화(歷史畵)'를 연상시킨다. 하지만 서양미술사에서 역사화가 시민혁명 이전의 지배논리를 정당화하는 시각적 장치였다는 사실을 고려한다면 리히터의 사진회화는 전통적인 역사화의 범주에 속하지 않는다. 리히터의 말이다.

> "나는 어떤 목표도, 어떤 체계도, 어떤 경향도 추구하지 않는다. 나는 어떤 강령도, 어떤 양식도, 어떤 방향도 갖고 있지 않다. 내가 무엇을 원하는지 모르겠다. 나는 일관성이 없고, 충성심도 없고, 수동적이다. 나는 무규정적인 것을, 무제약적인 것을 좋아한다. 나는 끝없는 불확실성을 좋아한다."

1977년에 있었던 테러리스트의 비극을 그린 〈1977년 10월 18일〉, 정신박약으로 나치수용소에서 살해당한 〈마리안네 아줌마〉, 나치즘에 부역한 사실이 발각되어 법정 앞에 선 〈하이드 씨〉, 경찰에 연행되어 가는 범인의 눈가리개를 강조한 작품 〈후드(덮개)〉, 시위 광경 사진을 그린 〈데모〉 등 40년 작업생활에 지속적으로 반복되는 리히터의 주제는 '사진 속의 역사'였다. 하지만 사진회화를 통해 리히터는 개인과 사회, 사적 영역과 공적 영역, 역사적으로 주어진 사실과 역사적 의식을 가지고 새로운 판단을 요구한다. 대립적 영역 사이에서 지난 역사적 사건을 진지하게 다시 바라볼 것을 요구하는 것이다. 사진이 사진기라는 장치를 통해 지각의 병참학을 시작하였다면 사진회화는 그러한 지각의 병참학과 질주학을 한 템포 늦춰주는 것이다. 경계선상에 위치하며 현실의 모호성을 견디는 것이다. 그리고 우리의 신앙도 이러한 사진 회화를 통해 경계선 상의 이해할 수 없는 예수를 통해 한층 더 성숙된다.

3. 김치파스타와 경계선상의 이해할 수 없는 포스트모던 예수

짬짜면, 비냉/물냉, 김치/된장찌게

'김치파스타, 짬짜면, 김치된장찌게' 등의 음식문화. '아파트로 들어온 한옥, 온돌과 벽돌을 혼합한 집' 등의 주거문화. 최근 문화 현상 중 하나를 꼽으라면 이전에 존재하는 것들을 혼합 또는 조합하여 새로운 제3의 것을 창조해 낸다는 것이다. 경계를 해체하는 이러한 혼합 정신은 곧 포스트모더니즘의 영향이다. 그리고 이러한 경계해체는 예수와 빌라도의 대화 담론에까지 존재함을 볼 수 있다.

빌라도가 관정에 들어가 예수를 불러 질문한다. "네가 유대인의 왕이냐?" 예수는 "네가 스스로 하는 말이냐, 다른 사람들이 나에 대하여 네게 한 말이냐"고 되묻는다. 빌라도가 다시 묻는다. "네 나라 사람과 대제사장들이 너를 내게 넘겼으니 네가 무엇을 하였느냐?" 예수는 "내 나라는 여기에 속한 것이 아니니라"고 답한다. 빌라도가 다시 묻는다. "네가 왕이 아니냐?" 예수는 이렇게 답한다. "네 말과 같이 내가 왕이니라. 진리에 대하여 증언하러 왔노라" 빌라도가 다시 묻는다. "진리가 무엇이냐?" (「요한복음」 18:33-38)

빌라도와 예수의 대화에서 우리는 사진회화와 같은, 경계선상의 예수를 읽을 수 있다. 빌라도의 질문은 '왕, 혁명, 진리(여기에 민중, 통일, 해방, 진실 규명 등을 넣어도 될 것이다)' 등 거대담론이었으나, 예수의 대답은 동문서답과 같은 (거대담론에 대한) 경계 해체, 혹은 미시 담론, 곧 작은 이야기를 중시하는 포스트모던적이다. 오늘 진리에 대한 이야기가 잡담거리로, 진실 규명을 영원한 수수께끼로, 영생과 구원, 생명과 부활의 담론이 바람과 함께 사라진 이때 원조 포스트모던 예수는 빌라도와의 대화에서 무엇을 보여주려 한 것일까? 빌라도의 이데올로기 담론에서 포스트모던 예수가 말했던 경계 해체, 미시담론, 혹은 추상적 이야기는 무엇인가? 그것은 정녕 제3의 길이 될 수 있을까?

오늘 대한민국에서 우리는 김치파스타, 짬짜면, 김치된장찌

게를 먹으며 "정치는 적과 동지를 구분하는 것"이라는 정치 철학자 칼 슈미트(Carl Schmitt)의 이데올로기적 함성을 듣는다(친문과 친안으로 갈라진 야당의 서로간의 감정적 적대시와 어버이 연합 어르신들의 울부짖음을 보라!). 리히터는 이렇게 말했다. "이해할 수 있을 것 같은 현실을 이해가 안 되게 묘사할수록 더욱더 훌륭한 그림이 된다." 빌라도 앞의 예수는 오늘도 이해할 수 있을 것 같지만 이해가 되지 않는다. 주변을 둘러보라. 정치로부터 경제, 문화, 학교, 스포츠. 하물며 가족과 종교에 이르기까지 이해가 되는 것이 없잖은가!

질주학과 지각의 병참학이 판을 치고, 첨단 광학과 전자 통신 테크놀로지가 우리들의 시각 체험에서 물티적, 시간적 거리의 장애를 삭제하며 모든 것을 동시에 경험하는 우리는 시각의 전체주의에 빠져 '보이는 것/보이지 않는 것', 나아가 '적/동지'를 구분하는 이분법에 빠진다. 이때 중요한 질문은 왕, 혁명, 진리 같은 담론일 것이다. 그러나 경계선상의 이해할 수 없는 예수는 이해할 수 없는 이야기들을 늘어놓는다. 담론을 해체하고 흐리기를 시도한다. 따라서 사진-신학은 사진기와 사진의 위험성을 사진회화의 경계선 타기를 통해 신학의 풍부한 감수성을 덧붙여야 할 것이다. 사실 예수는 신이자 인간이라는 경계선상의 이해되지 않는 영역이 아닌가!

7장

사진 신학의 이상, 주이상스와 숭고 체험: 수영장에서 〈로이터 사진전〉으로

최근의 진보된 기술 네트워크는 21세기 지구의 그 어떤 곳이나, 그 어떤 활동도 한눈에 내다 볼 수 있는 원격감시를 발전시켰다. 따라서 (비릴리오의 전쟁론과 시각 테크놀로지의 상관관계를 증명하지 않아도) 사이버광학은 과거의 '미학'이나 '민주주의의 윤리학'을 허물며 '전체주의적 위험'을 만들어 낼 수 있게 되었다. 그렇다면 사진-신학에 도전하는 사진기와 사진의 이러한 진보된 기술 네트워크와 사이버광학의 속성을 간파하여 창조적으로 선용하는 것은, 시각으로 보이는 것과 보이지 않는 것을 명확히 구분하고 보이는 것을 빠르게 전달하여 새로운 현실을 창조하는 사진기의 저 담론적 속성을 경계 해체함으로 새로운 지평을 보여준 '사진회화'(6장 참조)에서만 가능할까? 사진을 통하여 신학적 이상을 추구하는 것은 단지 허황된 시도에 불과한 것인가?

1. 수영장에서

새벽기도 끝나고 수영장을 다닌다. 수 년 째다. 다른 계절에는 느끼지 못하지만 겨울이 되면, 그것도 매서운 겨울 아침이 되면 가끔씩 아주 가끔씩 느끼는 체험이 있다. 힘들고 지친 몸으로 수영장 문을 나설 때, 눈앞에 보이는 오륙도를 배경으로 떠오르는 태양, 그 찬란한 햇빛이 뿜어내는 눈부심과 함께 차가운 바닷바람이 얼굴과 온몸을 스쳐갈 때의 그 짜릿함, 그리고 극도로 지친 내 몸 안의 열기와 내 몸 밖의 한기가 만나는 지점에서 경험하는 살의 숭고한 떨림은 그 시간이 0.1초 밖에 되진 않지만 외적으로는 황홀경과 숭고, 그리고 내적으로는 주이상스(향유), 나아가 거룩함까지를 느끼게 한다.

그 찰라가 끝나면 다시 태양은 그저 내 눈 앞에 일상적 눈부심으로 존재하고, 바람은 나의 몸과 상관없이 지나갈 뿐이며 살의 떨림은 그저 추위에 의한 것으로 아무런 신비적 감흥이 없이 사라진다. 필자가 느낀 0.1초의 시간, 그 시간은 어떤 시간이며 그때 나의 존재는 어떤 상태일까? 혹은 나의 의식은 어떤 경지에 있었을까? 현실과 가상의 경계가 해체되고, 경험과 사유의 구분이 모호해진 이러한 '의식적-신비 체험'은 지금 내 머리 속에 한 장의 사진으로 찍혀 남아 있다. 재현 불가능하나 흔적으로 남아 있으며, 표현할 수는 없으나 경험했던 초월과 숭고의 체험, 무의식 상태가 아닌 또렷한 의식의 상황에서 겪었던 신비, 만약 이러한 0.1초가 지속된다면 우리는 어떻게 현실을 구성하며 재현할 수 있을까? 그리고 나는 이 경험을 문자로 제대로 표현하고 있는 것인가!

현실과 가상의 경계가 사라지고 경험과 사유의 구분이 모호해진 이 '포스트모던—후기 생물—디지털 사이버스페이스 시대' 상황에 문자가 담고 있는 개념과 그 해석학적 이해 방식은 도대체 무슨 의미가 있을까? 혹은 문자를 발화하여 말로 전달될 때조차 담론(discourse, 미셸 푸코에 따르면, 일상 언어와는 다른 전문 지식을 생산하는 제도 영역에서 쓰이는 전문적 언어 양식을 뜻함)의 에피스테메(episteme, 미셸 푸코에 따르면 '사고를 가능하게 해주며,

특정한 방식으로 사물들에 질서를 부여하는 무의식적인 기초'로 '인식틀' 혹은 '지식'을 의미)가 달라 해석학적 다양성의 고원(들뢰즈/가타리의 책 제목에 의하면 천개나 되는)에서 길을 잃고 표류된 이 때, 기존의 이분화 된 순수 사고방식은 디지털화된 사고방식으로 말미암아 한편으로는 분열증으로 또 다른 한편으로는 편집증으로 혼종을 겪고 있다. 따라서 이해를 바탕으로 하는 정신과학과 설명을 바탕으로 하는 자연과학, 나아가 믿음을 전제로 하는 신학에 도대체 이 시대적 상황은 어떤 의미가 있을까?

목하, 디지털 시대를 맞아 인간 삶의 새로운 의미와 신학의 새로운 설명은 아날로그 시대의 사실과 의미의 차원에서 디지털 시대의 사실과 의미의 차원으로 넘어가 디지털 시대의 가상과 화소로 전환된 실체를 통찰함으로 시작되어야 할 것이다. 설교학적으로 말한다면, 문자(말씀)의 개념과 해석학적 이해를 넘어 이분화된 순수 사고방식이 아닌, 사실과 의디의 사건을 넘어 가상과 화소로 구성되는 사진을 설교가 만나야 한다는 것이다. 그때 사건은 의미와 사실로 재해석되며 사진은 화소와 가상을 넘어 인간학적 신학이 되는 것이다. 다시 말하면 디지털 시대의 삶에 관한 설교가 되는 것이다. 그리고 거기엔 주이상스와 숭고가 반드시 전제되어야 할 것이다. 왜냐하면 그것이 바로 사진신학의 '내 → 외'적, 그리고 '개인 → 공동체'의 이상이기 때문이다!

2. 주이상스 체험: 안티고네와 바울

0.1초의 체험을 앞서 주이상스라고도 말했지만, 사실 라캉(J. Lacan)이 말한 주이상스(jouissance, 유기체가 견디기에는 지나치게 과도한 어떤 것)는 언어상징을 넘어서는 전복의 충동이라 할 수 있다. 강렬한 쾌락이기에 현실원칙을 파괴한다. 따라서 이러한 쾌락은 결국 고통을 동반한다. 가령 꿀벌의 수컷이 여왕벌과 교미를 끝내는 즉시 죽게 되는데, 죽을 줄 알면서도 교미의 희열을 향유하려는 것이다. 이것은 우리가 견딜 수 없는 고통으로 경험하는 것을, 무의식적 충동은 만족으로 경험하기 때문이다. 따라서 우리 인간의 무의식에 잠재하고 있는 이러한 주이상스는 의식적 차원의 법과 제도를 파괴하여 처벌을 받더라도 금기를 깨뜨리고 싶어 하는 것이다. 한 개인의 차원에서 보면, '말하는 요구'(의식적 차원)와 '원하는 욕망'(무의식적 차원)이 다름으로 인해 주체의 분열이 생기는 지점이다. 그러나 몇 몇 주체들은 이 분열로 인해 생기는 결핍을 충족하고자 노력한다. 곧, 아버지의 이름이자 대타자(Big Other)인 법과 제도와 질서를 파괴하고자하는 것이다. 그 예를 우리는 그리스 비극에서는 안티고네에게서 읽을 수 있고, 성서에서는 바울의 신비체험에서 볼 수 있다.

고대 그리스의 비극작가 소포클레스가 기원전 441년에 만든 비극 『안티고네(Antigone)』의 내용은 이렇다. 테베의 왕 오이디푸스가 죽고 그의 딸이자 주인공인 안티고네가 테베로 돌아왔다. 왕위를 놓고 그녀의 두 오빠는 싸우다 죽었다. 따라서 외삼촌인 크레온이 왕이 되었다. 문제는 크레온이 형인 에테오클레스의 장례만 허락하고 동생 폴리네이케스의 장례를 금지한 데서 시작된다. 따라서 안티고네는 폴리네이케스의 장례를 치르다가 감옥에 갇힌 후 스스로 목숨을 끊는다. 왕의 명령은 법으로 상징되는 아버지의 이름인데, 안티고네는 법을 거부하였고, 이를 정신분석학적으로 보면 '저항과 전복의 열망'(라캉이 말하는 주이상스)이 있었기 때문이다. 즉, 안티고네의 주이상스는 법을 넘어선 숭고의 요구이다.

바울은 당대 최고의 석학인 가말리엘 문하에서 수학해 지식으로도 최고 수준이었으며, 철저한 바리새인으로 종교와 경건의 차원에서도 완전했으며, 로마의 시민권을 가지고 있었기에 세상적으로도 출세한 사람이었다. 그러나 그의 의식적 차원의 요구는 이렇듯 완벽한 듯 보이나, 그의 무의식적 차원에서 원하는 욕망은 의식적 차원의 요구를 만족시키지 못했다. 혹은, 종교적으로 답을 찾지 못했다. 선을 행하고자 했지만 번번이 악에 지는 자신의 연약함에 괴로워하며 죽음 앞에 탄식했으며 자신이 보배처럼 생각했던 율법이 구원을 위해서는 무기력한 것을 깨달았을 때 바울은 '말하는 요구'(의식적 차원)와 '원하는 욕망'(무의식적 차원)이 분열되었음을 깨달았다.

따라서 바울이 예수를 만난 그 0.1초의 시간은 지금까지의 사울이 죽는 주이상스의 체험이자, 실재의 경험이며, 실재의 그 숭고 앞에서 존재가 변화된 사건이라고 할 수 있다. 그리고 수영장을 나서며 내 의식에 찍혔던 황홀한 떨림은 개인적 체험이 바람과 빛과 계절과 만나 공시적 숭고로 변했던 것은 아닐까? 그리고 필자는 이러한 의식적 확장을 한 사진전을 통해서 통시적으로 목도하게 된다. 이제 주이상스를 넘어선 숭고[15]는 하나의 시선의 축제가 되어 눈앞에 펼쳐진 것이다.

---

15 칸트에게 '숭고'란 상상력이 대상을 표현할 수 없을 때, 곧 너무 압도적이라 표현할 수단이 없을 때 발생하는 감정이라 할 수 있다. 『판단력비판』에서 칸트는 이렇게 말한다. "우리가 숭고의 대상을 포착할 때, 우리 내부의 숭고의 감정을 일깨우는 것은 그 형식만을 본다면 우리의 판단력에 대해 반목적적이며, 우리의 현시능력에 부적합하고 상상력에 대하여는 난폭한 것 같이 보일지도 모른다. 그러나 그것은 그 때문에 더욱더 숭고하다고 판단되는 것이다." 그리고 이러한 숭고에는 인지적인 관점에서 자기보존능력을 압도하는 형태인 '수학적 숭고'와 신체적인 부분에서 자기보존능력을 압도하는 형식인 '역학적 숭고'로 나눈다. 이러한 숭고의 감정에 관해서 칸트는 이렇게 말한다. "숭고에 있어서 마음은 대상에 매료될 뿐만 아니라 또한 항상 부단히 대상으로부터 반발을 당하기 때문에, 숭고한 것을 대할 때 드는 감정은 긍정적인 만족감이라기보다는 오히려 감탄이나 경외를 내포하는 부정적인 쾌감이라고 불러야 마땅하다."라고 말한다.

3. 로이터 사진전: 하나의 희망적인 드라마

〈로이터 사진전〉 포스터

2016년 6월 25일부터 9월 25일까지 〈로이터 사진전: 세상의 드라마를 기록하다〉가 예술의 전당 한가람 미술관 2층에서 열리고 있다. 1851년에 설립된 세계 3대 통신사 중 하나인 로이터는 세계의 역사와 함께 해왔다고 볼 수 있다.[16] 특히 로이터

16 보도사진역사와 함께한 로이터는 1851년 독일 태생 유대인인 폴 율리우스 로이터가 영국 런던에 설립한 뉴스통신사로 뉴스제작과 배포에 전서구(군용통신에 이용하기 위해 훈련된 비둘기), 전문(전보), 최초로 런던-파리 간 해저 케이블망 설치, 위성, 인터넷 전용선 등 각 시대별 첨단 기술을 선도적으로 도입함으로써 빠르고 정확하면서도

사진들은 인간의 감정을 아우르는 예술성과 보도사진의 현장성을 함께 지니는 예술사진으로 평가되는데, 이번 사진전에는 20세기부터 현재까지 세계 곳곳의 모습을 담은 사진 450여 점을 (600명의 기자들이 제공한 1300만 장 가운데 엄선한) 공개한다.

로이터 사진전의 공간은 데리다(J. Derrida)의 '시선의 권리'에서 차용한 콘셉트를 활용해 디자인되었다. 데리다가 쓰고 마리 프랑수아즈 플리사르가 사진을 찍어 펴낸 『시선의 권리』(아트북스, 2004)[17]에서 데리다는 "작가는 스스로 생각하는 바를 말하지 않고 독자가 해석할 수 있도록 여지를 남겨두겠다"고 한다. 그리고 그것이 바로 독자가 갖는 '시선의 권리'라고 했는데, 다른 말로 세계 안에서 전체를 하나로 통괄하는 이야기란 존재

공정한 보도로 신뢰와 명성을 얻었다. 현재 200여 곳에 지국을 두고 16개 언어로 서비스를 제공하는 가장 신뢰받는 최대 국제 멀티미디어 통신사이다.

17 사진이라는 매체를 통해 언어와 사진의 관계를 규명한 책으로, '철학-회화, 말-이미지'의 연장선상에서 언어를 배제한 채 어떻게 '보는 것(사진)'이 '말하는 것'과 '읽는 것', 그리고 '쓰는 것'과 다른지를, 사진이 어떻게 그러한 경계를 넘나드는지를 살펴보는 책이다. 플리사르의 290장의 흑백사진만으로 구성된 텍스트(사진엔 '말-글'은 '한마디-한 단어'도 없다)는 서로에게 종속되지 않으며 독립적인 텍스트로 서로를 관찰하고 동시에 관찰 당한다. 그리고 데리다는 사진을 '해설'하는 것이 아니라, 그것을 감싸 안고 자신의 이야기를 들려주고 있다.

할 수 없다는 것이다. 사실 『시선의 권리』안에 있는 사진 속 인물들은 떠나고, 돌아온다. 그들은 옷을 바꾸어 입고, 파트너를 바꾸기도 하지만 결국 왔던 자리로 돌아와 애초의 자세 그대로 사랑을 한다. 여기서 떠남과 돌아옴은 구분할 수 없고 심지어는 떠남도 돌아옴도 없다. 모든 것은 무한히 반복되고 변주되며 확장된다. 시간은 연기되고 공간은 서로 다르므로 어떤 의미도 확정할 수 없다. 최종 해석은 불가능하며, 있는 것은 단지 수많은 해석, 수많은 '시선의 권리뿐'이다(이것은 데리다가 『회화의 진리』에서 고흐의 구두 그림을 통해 말했던 것을 이번에는 사진을 통해 되풀이하는 것이다).

우리가 가지는 시선의 권리는 사진 속 그녀들의 시선의 권리, 사물들이 가지는 시선의 권리와 경쟁하고 투쟁한다. 그 어느 것도 어떤 위계적인 질서 속에서의 우선권을 주장할 수 없다. 우주는 열려 있고 모든 것은 서로 다르며 무한히 반복된다. 이제 남는 것은 시선의 독재가 아니라, 시선의 다양함이고 무미건조한 하나의 관점이 아닌 풍성한 차이의 향연인 것이다. 따라서 무한대로 많은 '나'만의 해석만 있을 뿐, '우월한 시선, 정형화된 구조, 분명한 가치관, 일관된 서사'는 존재하지 않는다. 목하 데리다를 통해서 비로소 사진은 렌즈와 앵글 그리고 서사의 권력으로부터 벗어나게 되는 것이다. 이렇게 사진-신학의 이상은 데리다의 해체를 만나서 자신의 기술적, 태생적 한계를 극복한다.

아무튼 〈로이터 사진전〉은 기존의 보도사진 전시회 구성을 해체하고, 공간마다 다르게 전개되는 '시선의 변화'를 느낄 수 있도록 구성하였는데, 특히 로이터(REUTERS)의 알파벳을 딴 6개의 섹션은 기발하다. 첫 번째 섹션은 'Reuters Classic 시선의 권리'로 '로이터의 역사를 함께한 기념비적인 사진들'을 보여주고 있다. 제2차 세계대전의 노르망디 상륙작전부터 루마니아의 반공산주의 혁명, 베를린 장벽의 붕괴(데이비드 브라우홀리의 작품 참조) 그리고 동남아 쓰나미 등.

데이비드 브라우흘리, 〈베를린 장벽의 붕괴〉

때로는 컬러사진임에도 흑백사진으로 편집한 것도 있는데, 흑백사진을 통해 사진 이미지를 넘어 사건 그 자체를 바라보게 한다. 따라서 화소와 가상을 넘어 주이상스와 숭고를 바라봐야만(아니, 온 몸으로 느껴야만) 사진-신학의 이상이 구현되는 것이다.

두 번째 섹션은 'Emotion 탈원근적 시선'으로 '인간의 희로애락을 표현한 감정의 기록'으로 구성되어 있다. 인물들은 자연스러운 감정을 보여주는데, 카메라를 응시하지 않는다. 즉, '보도사진'의 역할을 충실히 하고 있음을 볼 수 있다.

세 번째 섹션은 'Unique 시선의 흐름'으로 '색의 그라데이션으로 완성한 유쾌한 세상의 칼라칩'이다. 일상적이지만 특별하고 재미있는 보통 사람들의 평범한 삶이 칼라칩으로 구성되어 있다.

네 번째 섹션은 'Travel on Earth 중첩의 시선'으로 '인간과 더불어 세상을 이루는 자연의 아름다움, 동물의 세계, 그리고 인간의 문화가 삶'이다. 자연과 동물, 그리고 그 속에서 살아가는 인간의 삶을 조명해 자연의 신비함과 지구의 모습을 담고 있다. 특히 사진이 품을 수 있는 미학의 진수가 풍겨져 나오는데, 오로라, 수많은 별들로 수놓은 은하수, 화산 폭발, 혜성 그리고 슈퍼문 등.

다섯 번째 섹션은 'Reality 깊이의 시선'이다. '세계 곳곳의 사건, 사고를 기록한 현장사진'으로 로이터의 정체성을 보여주는 섹션으로 지금도 우리 주변 지구촌 곳곳에서 벌어지는 전쟁과 내전, 테러 등 사건 사고의 생생한 보도사진을 통해 그곳에서 고통 받는 사람들의 현실을 조명하고 있다. 이 섹션은 로이터의 정체성을 잘 보여주고 있는데, 고란 토마셰비치의 "전투 지역에서 나는 항상 머리를 꼿꼿이 세운다."라는 말처럼 '전쟁 속 이야기를 거짓과 꾸밈없이 담았다'라고 하는 로이터의 자부심을 엿 볼 수 있다.

여섯 번째 섹션은 'Spotlight 주목된 시선'으로 '현시대를 살아가는 우리가 공통적으로 겪는 사회 문제들'을 보여준다. 환경과 인권, 기아 등.

마지막 'Epilogue 연속된 시선'은 '휴머니즘이 깃든 일상의 기록'으로 지구촌 곳곳의 일상사진들을 보여주고 있다. 특히 토마스 무코야가 촬영한 아프리카 케냐 코겔로 마을에서 학교 급식이 어려워 점심을 먹으러 가는 어린이들의 모습을 통해 로이터 사진전은 하나의 드라마(예컨대, 비극적 상황에서 희망을 발견하려는)를 완성하고 있다. 일찍이 아리스토텔레스는 "철학은 필연적인 것(반드시 일어날 일)을 말하고, 역사는 현실적인 것(이미 일어난 것)을 기록하고, 극시(劇詩)는 개연적인 것(일어날 법한 일)을 모방한다."라고 말했다. 여기에 하나 더 보탠다면 "신학은 일어나지 않을 일까지도 상상한다." 따라서 〈로이터 사진전〉은 역사를 철학화 하여 극시로 표현한 것이며 필자는 수영장에서 〈사진전〉으로 옮기며 신학을 역사화한 것이다.

4. 해체에서 공통체의 연대로: '내→외'적, 그리고 '개인→공동체'로

로이터 전속사진가, 〈베를린, 독일〉(1986. 4. 21)
소련 공산당 서기장 미하일 고르바초프가 동독 공산당 서기장으로 재선된 에리히 호네커에게 우정의 포옹과 입맞춤으로 한 축하 인사

포스트-마르크스주의자인 네그리와 하트는 『공통체』(사월의 책, 2014)에서 "종종 자본주의 사회의 병폐에 대한 유일한 치료제는 공적 규제와 케인스적 그리고/혹은 사회주의적 경제 관

리라고 생각된다. 그리고 반대로 사회주의의 폐해는 오로지 사적 소유와 자본주의적 통제에 의해서만 고칠 수 있는 것으로 간주된다. 그러나 때로는 서로 혼합되고 때로는 격렬한 갈등을 일으켰지만 사회주의와 자본주의는 공히 공통적인 것을 배제하는 소유체제"라고 말한바 있다. 따라서 "우리가 이 책에서 발전시키고 있는 공통적인 것을 제도화하는 정치적 기획은 이 잘못된 양자택일을 사선으로 가로지르며 (즉, 사적인 것도 아니고 공적인 것도 아니며, 자본주의적이지도 않고 사회주의적이지도 않다) 그리하여 정치의 새로운 공간을 연다"고 말한다.

『공통체』는 『제국』과 『다중』에 이은 네그리&하트 3부작의

터키 해를 횡단하여 그리스 코스섬 해변에 도착한 시리아 난민들이 자신들이 타고 온 작은 선반 위에서 생존을 기념하며 셀카를 찍고 있는 모습의 〈시리아 난민〉

마지막 권으로, 첫 번째 저작『제국』은 '공장 중심의 산업자본주의'에서 '인간의 삶 자체를 포섭하는 자본주의'로 형질변환되는 과정을 '제국'이라는 지배체제의 등장으로 설명한 것이다. 『다중』은 이러한 자본주의 제국 체제 속에서 자신의 삶을 지키면서 이를 정치적 힘으로 주체화하는 새로운 네트워크의 출현을 '다중'으로 예상하였다고 할 수 있다. 그리고 『공통체』는 다중의 투쟁 과정이 지향하는 궁극적 목표를 설정한다. 그 목표란 우리의 삶에서 생산되는 것들을 상품화하고 사유화하려는 힘에 맞서 이를 보편적이고 공통적인 것으로 지켜내려는 노력이다(책의 원제인 '코먼웰스'(commonwealth)는 바로 이 공통적인 것을 뜻한다).

우리 인간은 삶을 통해 언제나 무엇인가를 생산한다. 책을 읽고, 글을 쓰고, 몸을 써서 노동을 하고, 이야기를 나누고, 감정을 표출한다. 그리고 이 모든 생산은 나 혼자만 할 수 없다. 내가 있기 전부터 존재했던, 나를 타인과 연결해주는 자연과 사회 속에서만 나는 뭔가를 생산할 수 있다. 그리고 이렇게 생산된 내 삶의 산물은 타인과의 교통 속에서만 다시 의미를 가질 수 있다. 이러한 과정 전체가 바로 '공통적인 것'이다. 그리고 사회는 이 공통적인 것이 생산되는 거점이다. 따라서 사회가 자유롭고 열려 있을 때 공통적인 것은 풍부해진다고 볼 수 있다.

그러나 문제는 자본과 국가 같은 거대 체제가 언제나 이 공통적인 것을 상품화하고 사유화하려는 것이다(우리는 이를 민영화라는 고상한 이름으로 부른다). 따라서 공통적인 것을 지키려는 힘과 사유화하려는 힘이 맞붙는 전투! 사탄의 세력과 선한 세력이 맞서는 전쟁터라고 볼 수 있다. 사실 오늘날 우리 각자의 삶과 우리의 사회는 이러한 전투가 일어나는 아마겟돈의 전쟁터가 아닌가! 우리의 몸(얼굴, 체형, 언어, 노동)에서부터 공공적 수단(교통, 에너지, 지식)에 이르기까지 이 전투는 끊임없이 일어나고 있다.

믿기지 않겠지만, 네그리와 하트는 공통적인 것의 힘을 파괴하려는 자들보다 이를 지키려는 우리가 훨씬 강하다고 믿는다. 그리고 그 힘은 바로 '사랑과 웃음'이다. 사랑은 '우리가 가진 것을 서로 나눌 수 있는 근원적인 힘'이고, 웃음은 '그 사랑을 통해 발산되는 환희의 정동'이다. 사랑하고 웃으며 끝까지 싸워야만 한다. "네 이웃을 네 몸과 같이 사랑하라."라는 예수의 말씀은 이 추악한 제국과 자본주의에 웃음으로 맞서는 놀라운 깨달음이었던 것이다.

수영장을 나서며 느낀 의식적-신비체험이 나의 몸과 의식에서만 국한된 것이 아니라, 바람과 빛과 계절이 함께했던 것처럼, 이제 주이상스의 체험은 'Reality 깊이의 시선'과 더불어 'Travel on Earth 중첩의 시선'으로 'Emotion 탈원근적 시선'으로 나가는 숭고를 체험하여야 할 것이다(시리아 난민들처럼). 그것은 데이비드 브라우흘리의 작품처럼 막힌 담을 허무는 해체가 토마스 무코야의 어깨동무의 연대로 진행될 때 가능하며 따라서 바울의 숭고의 체험은 개인적 주이상스를 넘어 역사적 숭고의 주이상스가 되어야 할(혹은, 된) 것이다. 그때 사진은 화소와 가상을 넘어서 인간학적 신학, 곧 사진-신학의 이상이 되는 것이다.

케냐의 토마스 무코야의 작품

8장

사진기와 기술적 영상 시대: 존재의 체험과 디지털 이미지

Ne te quaesiveris extra — 에머슨
(당신 밖에서 당신을 추구하지 마십시오.)

1. 존재체험과 디지털이미지 체험: 결정적 순간과 피상성 예찬?

19세기 카메라의 발명은 미술사에 있어서 미메시스(mimesis, 모방과 현실 재현)의 문제에 있어서 큰 충격을 안겨주었다. 따라서 세계 재현(representation)의 과제를 사진에게 넘겨준 회화는 눈에 보이는 '존재자'의 형상보다는 보이지 않는 근원적 '존재'를 현시(presentation)하는 쪽으로 방향을 잡게 된다. 여기서 '존재자'란 가을날 떨어지는 낙엽을 의미하고 '존재'는 오 헨리(O. Henry)의 소설처럼 마지막 잎새를 보면서 생명과 죽음의 본질적 세계를 체험하는 것을 말한다.

전기 사상으로는 현존재의 시간성을 분석했으며 후기에 이르려는 언어 속에서 말하는 존재를 포착하여 '이해의 역사적 지평은 언어 속에서 구성'되며 '언어 속에서 근원적인 존재 이해가 역사적으로 해석된다'고 전회 했던 실존주의 철학자 하이데거(Martin Heidegger)는 사물을 '도구'와 '작품'으로 나누어 설명한다. 양자 모두 인간에 의해 만들어졌지만, 도구는 목적성을 갖고 있으며(따라서 실용성이나 용도가 중요하다) 작품은 목적 없이 존재 그 자체로 의의를 갖는다고 한다.

따라서 예술은 존재자의 진리를 비은폐 하는 것이며 존재자가 비은폐되는 것을 그리스인들의 개념을 따라 진리(a—letheia, 비—망각)라고 생각했다. 곧 예술은 존재자를 모방하는 것도 대상과의 일치를 추구하는 것도 아니고, 잊혀진 존재 보이지 않는 존재를 비은폐 해서 보이게 하는 것이다. 재미있는 것은 하이데거는 회화를 통해(특히 고흐의 작품, 가령 〈구두〉) 존재의 현시를 경험할 수는 있지만, 기술 복제가 만들어내는 사진으로는 존재의 현시를 이룰 수 없다고 보았다. 따라서 사진이 갖는 이미지 재현의 성격 때문에 사진은 예술이 되지 못한다고 본 것이다.

근대에 들어 회화는 진리 및 도덕적 가치에 따른 예술을 거부하고 미학적인 자율적 요소의 중요성을 인식했다. 사물의 재현 이미지는 해체되었고 추상화되었다. 예술가는 이제 고전적인 '장인'으로부터 칸트의 '천재'[18]로 바뀌게 된 것이다. 그러나 20세기 후반에 다시 사물의 이미지가 부활한다. 여기서 예술은 가치나 이데올로기로서 평범한 것, 하찮은 것, 보잘 것 없는 것을 자기 것으로 삼으려는 노력이라고 할 수 있다. 현대 예술은 무가치, 무의미, 비일상성을 추구하는 것이다. 기호학적으로 말한다면 기의 없는 기표만 요구하는 것이다. 따라서 예술가는 고전주의 시대의 '장인'을 지나 칸트의 '천재'에서 다시 '누구나'로 바뀌게 되었다.

이러한 누구나 예술가가 될 수 있는 포스트모던 시대에 하이데거의 존재체험은 어디까지 가능할까? 혹은 디지털이미지의 피상성은 존재체험과 관련이 있는 것일까? 사진을 통한 이미지는 존재체험과는 정녕 상관이 없는 것일까? 피상성은 존재의 찰나의 순간과 결정적 순간과 차이가 나는가? 화소와 가상은 사실과 의미의 사건에 얼마만큼 해석의 여지를 남기는가? 답은 서두의 라틴어 인용구 '당신'에 '사진'을 넣었을 때 시작될 것이다.

---

18 천재에 관해 임마누엘 칸트는 첫째, 모방과 학습으로 도달할 수 없는 독창성을 산출하는 재능이다. 둘째, 새로운 모범을 만드는 재능이다. 셋째 천재는 자연의 총애를 받는 자이자, 자연의 산물이다. 넷째, 천재는 예술만의 술어이다. 곧 천재는 학문이 아니라 예술에만 적용되어야 할 개념이라고 한다.

2. 플루서의 커뮤니케이션 체계와 사진의 등장: 사진기와 디지털 이미지 시대

> "이 책은 태초 이래로 인간문화에는 두 가지 대립되는 전환점이 존재한다는 가설에서 출발한다. 그 첫 번째 전환점은 기원전 2000년대 중반 무렵 완성된 '선형문자'의 발명이고, 두 번째는 현재 우리 자신이 그 증인인 '기술적 영상'의 발명이라는 말로 요약될 수 있다."[19]

빌렘 플루서(Vilém Flusser)가 『사진의 철학을 위하여』에서 말했듯, 기술적 영상의 시대이자, 바야흐로 디지털 시대를 맞아 인간 삶의 새로운 의미와 신학의 새로운 설명은 아날로그 시대의 사실과 의미의 차원에서 디지털 시대의 사실과 의미의 차원으로 넘어가 디지털 시대의 가상과 화소로 전환된 실체를 통찰함으로 시작되어야 할 것이다. 문자(말씀)의 개념과 해석학적 이해를 넘어 이분화된 순수 사고방식이 아닌, 사실과 의미의 사건을 넘어 가상과 화소로 구성되는 사진을 신학적으로 해석해야 한다는 것이다. 그때 사건은 의미와 사실로 재해석되며 사진은

---

19 빌렘 플루서, 『사진의 철학을 위하여』(커뮤니케이션북스, 2012), V.

화소와 가상을 넘어 인간학적 신학이 되는 것이다. 다시 말하면 디지털 시대의 삶에 관한 신학이 되는 것이다. 그리고 거기에 사진-신학의 고민이 놓여 있다.

사진과 영화의 등장 이후, 기술 재생산 시대의 예술에 대해 긍정적인 평가를 내렸던 발터 벤야민처럼 "사진은 기술적 이미지의 출발이며, 컴퓨터 예술은 기술적 이미지의 완성"이라 말하며 새로운 예술의 지형도를 전망했던 플루서도 벤야민과 동일 선상에 놓여있다. 디지털 매체와 결합된 디지털 이미지와 디지털 가상에 대한 새로운 이해로 기술사회의 소통학으로 코무니콜로기(kommunikologie, 소통학)를 제시한 플루서는 '새로운 매체에 의해 변화된 사회'인 텔레마틱(Telematik)사회를 탐구한다.

현대는 디지털망으로 구성된 텔레마틱한 사회이며, 그 사회에서 구성되는 문화는 텔레마틱한 문화이다. 텔레마틱한 문화는 말 그대로 먼 것을 가깝게 느끼는 것이다. 마샬 맥루언(Marshall McLuhan)의 '전 지구의 지구촌화'와 폴 비릴리오(Paul Virilio)가 비판하는 '가까운 곳의 상실'인 것이다. 따라서 플루서는 의사소통 수단이 문자에서 이미지로 변화하는 과정과 그 과정이 갖는 의의에 대해 설명하고, 매체 또는 장치로 인하여 만들어진 이미지의 의미를 재탐색한다. 이를 표로 나타내면 다음과 같다.

선사시대 (알파벳이전)	이미지	주술사회 =의미중시	순환적 사유방식(원)
역사시대 (알파벳)	문자	산업사회 =선형적 과정	선형적 사유방식(책-논리)
탈역사시대 (알파벳이후)	(기술) 이미지	지식사회 =상황	개별적, 모자이크 구성

〈표 8-1〉 이미지의 변화 과정과 의의

알파벳 이전 시대의 이미지들은 세계를 직접적으로 반영하지만, 알파벳 이후 시대의 이미지들(기술 이미지)은 그렇지 않다. 따라서 이러한 기술 이미지(혹은 디지털 이미지)에 대한 해석이 플루서가 말하는 사진철학이다.

동시에 사진술과 더불어 (텍스트 숭배라는) '탈역사'가 일어났다. 기술적 매체에 의해서 매개된 이미지가 등장한 것이다. 사실 전통적 이미지는 구체적인 세계를 추상화할 때 세계를 바로 추상화한다. 그러나 기술적 이미지들은 텍스트를 이미지로 추상화한다. 텍스트 중심의 사유인 역사적 의식을 제2단계의 마술적 의식으로 대체시키고, 개념적 능력을 제2단계의 상상력으로 대체시킴으로써, 그것의 수용자를 개념적 사고방식이라는 필연성으로부터 마술적으로 해방시키는 것이다. 이때 마술은 '추상적 환각 작용'이며, 신화가 아니라 기술 장치에 내재되어 있는 프로그램이 되는 것이다.

사실 사진이든, 영화든, 디지털 이미지이든 본질적으로 기술 장치에 의해 만들어진 이미지이다. 이러한 디지털 가상에 대해 부정적인 것에 반대하여 우리가 살고 있는 세계가 '실재냐 가상이냐'라는 이분법만으로 나눌 수 있는 것은 아니다. 우리는 지금 많은 가능성이 존재하는 다원적인 세계에 살고 있으며 결국 이러한 세계에서 현실과 허구의 구분은 아무런 의미가 없는 것은 아닐까?

따라서 상호작용적 텔레마틱한 사회에서 플루서는 유토피아를 보았다. 왜냐하면 인간은 결국 고독하기에 커뮤니케이션을 원하며 텔레마틱한 사회야말로 거리 때문에 나를 타인으로부터 격리시키지 않고, 쌍방향적인 대화를 가능하게 하는 매체를 중심으로 아무 이유 없이 포용해 줄 수 있기 때문이다. (페이스북, 트위터 등의 SNS의 쌍방향적이며 열린 소통의 구조를 보라.)

3. 피상성 예찬

『피상성 예찬: 매체 현상학을 위하여』(커뮤니케이션북스, 2004)에서 플루서는 피상의 의미를 분석한다. 사전적 의미는 '어떤 일이나 현상이 겉으로 나타나 보이는 모양. 또는 그런 현상'이다. 인간은 현실을 보존하려는 욕망을 가지고 있어 그림으로 혹은 판화와 벽화로 그 당시의 현실을 남겼다. 하지만 카메라, 컴퓨터 등으로 대량복제가 가능해진 후로 시간과 공간적인 현재성과 유일성, 진품에서 느껴지는 감동의 아우라는 점차 희미해지며 디지털 문명은 실재보다 더 실재 같은 시뮬라크르를 탄생시켰다. 따라서 빌렘 플루서는 디지털 세계의 의미를 현상학적으로 분석하며 현대와 과거를 역사적으로 조명한다.

모든 '실재적인 것'은 시공간의 4차원을 가지고 있다. 이 4차원에서 움직이는 입체로부터 저자는 조각품의 세계(시간 없는 입체)→ 그림의 세계(깊이 없는 평면)→ 텍스트의 세계(평면 없는 선)→ 컴퓨터화된 세계(선 없는 점들)로 요약하는 추상게임을 시작한다. 플루서는 오늘날의 디지털 세상이 시작되기 전까지의 모든 상황들과 매체들을 시뮬라시옹이라고 인식한다. 우리가 살고 있는 현실도 시뮬라크르다. 왜냐하면 대량복제가 가능해지고 난 후, 현실은 더 이상 원본은 없고 어느 의미에서는 원본과 모사물의 구별도 없어졌기 때문이다. 예를 들어 원시시대에는 당시의 현상들을 동굴벽화로 재현하고 보존했지만 점차 그림에서 사진, 컴퓨터의 발명으로 재현과 보존을 넘어서 대량복제까지 가능하게 되었고 인터넷이라는 가상공간으로 사람들은 면대면(face to face) 대화가 아닌, 온라인 채팅으로 의사소통까지 하게 되었다.

더 나아가 우리는 삶에서 일상적인 경험이나 기본적으로

하던 행동 또한 '미디어'라고 불리는 것에 의존한다. 미디어가 점점 더 실재 같은 모조들을 창조한 이래로 실재에 대한 우리의 믿음은 더욱 흔들리게 되었으며, 우리가 컴퓨터화 할 수 있게 된 이래로 실재에 대한 신뢰를 상실하고 있다. 하지만 지금의 디지털 세계에서 우리는 더 이상 주어진 객관적인 세계의 주체가 아니라, 대안적인 세계들의 기획이 된다. 우리는 예속적인 주체적 위상에서 빠져 나와 우리 자신을 투영하는 것 속에 설치했다. 그러므로 우리는 '우리가 꿈을 꾸고 있다'는 것을 알고 있는 것이다.

니콜라스 미르조에프(Nicholas Mirzoeff)는 『비주얼 컬처의 모든 것』(홍시커뮤니케이션, 2009)에서 "현실은 선택되고, 선택된 현실은 재구성된다. 그리고 재구성된 현실은 미디어 매체를 통해 우리에게 전달된다. 우리는 미디어 매체가 전해주는 뉴스를 현실로 인식하기에 선택되고 재구성된 현실은 이내 곧 현실(real)이 된다."며 영상의 시뮬라시옹을 언급했다. 그러므로 우리는 파생실재를 꿈꾸고 있는 것이다. 영상의 시뮬라시옹은 영상이라는 미디어가 실재를 넘어 하이퍼리얼리티를 생산할 수도 있고 진실을 왜곡할 수도 있기 때문이다.

따라서 디지털 시대에 사는 우리에게 이제 수수께끼는 없고 허무맹랑함만이 남아 있을 뿐이다. 탈근대적인 정신을 근대적인 정신과 가장 분명하게 구별하는 것은 우리가 허무맹랑한

방식으로 허무맹랑한 세계 속에서 살고 있다는 사실을 인식하는 것이고 이 같은 사고를 '디지털 사고'라고 플루서는 이야기한다. 플루서는 그림 매체의 표면, 곧 피상성을 예찬하면서 현재의 사회를 돌아보게 하며 우리가 현재 상상할 수 없는 미래 정보사회의 세계상을 조망하고 있었던 것이다.

4. 카르티에 브레송: 피상성을 넘어선 진실된 세계의 결정적 순간

모든 사진은 앙리 카르티에 브레송(Henri Cartier-Bresson)으로 통한다. 살아서 신화였고 죽어서 전설이 된 위대한 사진작가인 브레송은 '한 시대를 직시한 눈'이며 바로 그 자신이 하나의 시대라고 해도 과언이 아니었다. "어떤 상황이나 인물의 결정적 순간을 포착하는 것이 중요하다."라고 말하는 브레송이야 말로 사진-신학의 고민을 해결한다. 곧, 사진을 통하여 사건을 의미와 사실로 재해석하여 숨어있는 의미를 포착하게 한다. 따라서 사진은 화소와 가상(디지털 이미지)을 넘어 인간학이 되는 것이다.

항상 자신의 사진을 자신이 직접 인화하지 않는 것을 원칙으로 삼았으며 사진을 기술적으로 다루는 것은 정신이 산만해져 해롭다고 믿어 영화 촬영을 감독할 때도 카메라를 직접 다루지 않았던 브레송은 라이카 카메라를 가는 곳마다 휴대하고 다녔다. 또한 화가로서의 훈련을 위해 항상 작은 스케치북을 지니고 다녔다. 브레송의 사진기에는 사회가 함축되어 존재했고 그의 마음속에서 사진은 점점 더 인조화되어가는 시대 속에 진실된 세계와 인간적인 세계를 보존할 수 있는 방법을 제공했다.

> "사진을 찍을 때 한쪽 눈을 감는 이유는 마음의 눈을 위해서이고 찰나에 승부를 거는 것은 사진의 발견이 곧 나의 발견이기 때문이다.", "나는 사진 그 자체에 정열을 쏟은 적이 없다. 아주 짧은 순간에 나타나는 피사체에 대한 흥분, 구도의 아름다움에 내 자신을 잊은 채 찍는 것이다."

사진기와 이미지에 대한 이토록 놀라운 착상은 그의 저서인 『결정적 순간(Images à la sauvette)』(1952)[20]에 가장 잘 표현되

---

20 결정적 순간은 눈부시게 명확한 포착하기 어려운 순간에 피사체의 외양이 그 피사체가 포함되는 장면을 가장 효과적인 구성의 형태로 나타나는 순간을 말한다. 다시 말하면 결정적 사건이나 순간이나 액션의 결정이 아닌 예견치 못한 느낌의 찰나를 말한다. 이것은 순간 동작의

어 있다. "숨어 있는 의미를 포착할 수 있다."라는 그의 이론을 엿볼 수 있는 작품이다. 1929년 케임브리지 대학에서 문학과 회화를 공부한 브레송은 소년시절 간단한 브라우니, 스냅샷 카메라[21]의 비법을 전수받았다. 그러나 사진에 대한 최초의 관심은 1930년경 20세기의 두 중요한 사진작가인 외젠 앗제(Eug ne Atget)와 맨 레이(Man Ray)의 작품을 보고 나서였다. 그리고 1931년 아프리카의 오지에 살면서 소형(35㎜)사진기로 자신이 겪은 것들을 기록했었다.

포착이 아니라 의식이 순간적으로 포착하는 극히 짧은 지속적으로서 결정적 감정의 찰나를 말한다. 따라서 결정적 순간은 지속적으로 자신의 내면에 감춰진 일종의 무의식적 감정이나 내재된 잠재적 감정이 대상과 우연히 만남으로 드러나는 때이다. 사진사는 내부와 외부 사이의 공감각이 작용하며 반사적인 속도로 움직이며 지신의 직감으로 셔터를 누르게 된다. 따라서 브레송은 '사진은 대상과 끊임없이 대화를 주고받으며 메아리치는 상호과정이며 정신적 교감과 느낌의 순간을 포착하는 것'이라고 말한다.

21 스냅샷은 일반적으로 재빠르게, 최대한 자연스럽게 사진을 찍는 것을 일컫는다. 예술적이거나 어떤 특별한 저널리즘을 추구하지 않는 것도 스냅샷의 특징이다. 보편적으로 완벽한 프레임이나 비전문적인 사진으로 고려되기도 하면 일상이나, 생일 파티, 기념일이나 반려 동물, 혹은 관광지의 사진들도 여기에 해당한다. 스냅샷은 코닥사가 '브라우니'라는 카메라를 출시하고 광고를 하면서 보편화되고 널리 알려지게 되었다.

1933년 그의 사진들이 뉴욕 시의 권위 있는 줄리앙 레비 화랑에서 전시되었으며, 1947년 뉴욕 현대미술관에서 개인전이 개최되었을 때 비로소 그에 대한 비중 있는 평가가 이루어졌다. 같은 해 미국의 사진가 로버트 카파(Robert Capa) 등과 공동으로 매그넘포토스(Magnum Photos)를 창설하고, 정기간행물업체에 당시 유능한 보도사진작가들이 찍은 전세계의 사진들을 제공했다. 매그넘포토스의 후원 아래 그는 어느 때보다도 보도사진에 열중했으며 이후 3년 동안 인도, 중국, 인도네시아, 이집트 등지를 돌아다녔다.

라이카 휴대용 카메라는 브레송을 상징하는 카메라가 되었는데 사진계의 거장이 이 작은 카메라를 선택한 이유가 조금은 색다르다. "크기가 작고 조작이 간편함" 때문이라는 것이다. 소형사진기의 휴대성과 즉각적인 인상을 쉽게 기록할 수 있는 편리성에 공감하게 된 브레송에게 라이카 사진기는 자연스러움뿐만 아니라, 익명의 상태로 촬영하는 데 도움을 주었다.

브레송은 소리 내지 않고 심지어는 보이지도 않고, 남의 눈에 띄는 것을 몹시 꺼려했기 때문에 사진기 렌즈의 밝은 크롬 부분을 검정 테이프로 가렸으며 사진기를 손수건 밑으로 숨기기도 했다고 한다. 하지만 결정적 순간에는 이 휴대용 카메라가 있었고 이는 그가 포착한 결정적 순간을 잡아내는 일등 공신이 되기도 하였다. 프랑스의 영화제작자인 루이 말(Louis Malle)이

브레송이 애용했던 라이카 카메라, 그는 이것을 '자신의 공책'이라고 불렀다

회상하기를, 1968년 5월 파리 학생운동(드골 정부의 보수적인 정책에 항거하여 천만이 넘는 학생들이 시위에 가담한 사건) 당시 브레송은 35㎜사진기를 가지고 현장에서 그 격정적인 상황 속에서도 1시간당 4장 정도의 사진만을 찍었다고 한다.

4. 찰나의 미학과 시뮬라시옹: 인간과 사진기의 결합

예수의 말씀과 비유가 갈릴리와 유대, 사마리아 지방에서 완벽한 조화와 풍경 속에서 찰나를 포착하듯, 브레송의 사진은 생생한 빛을 띠고 명함과 형태가 있는 완벽한 조화와 조형 속에

〈아킬라 데글리 아부르치〉(1952)

서의 찰나를 포착한다.

아름다운 관광지 아킬라 마을에서 촬영된 〈아킬라 데글리 아부르치〉(1952)는 계단과 사람들의 구도, 전경들이 자연스럽고 고즈넉이 표현되어 있다. 미술서의 바이블로도 불리는 곰브리치(E. H. Gombrich)의 『서양미술사』에 사진 작품으로는 유일하게 수록된 이 사진은 "많은 공들 들여서 부지런히 그려진 그림에

필적할 만하다.”라고 평가하기도 했었다. 또한 『영혼의 시선』서문에서 제라르 마세(Gerard Mace)는 브레송을 “자(尺)를 지니지 않은 기하학자임과 동시에 사격의 명수”라고 말했다. ‘결정적 순간’을 포착하는 브레송의 능력을 잘 보여준다.

브레송의 사진은 일상에서 반짝이는 장면들이 녹아져 있다. 〈키스〉를 보면 두 남녀가 테이블 사이에서 키스를 하고 있는데, 밑에 있는 강아지가 그 모습을 질투하는 듯 쳐다보는 모습은 존재의 현시보다도 더 결정적인 찰나의 미학이자 결정적 순간의 진수이다.

찰나의 미학 이라 불리는 브레송의 사진! 브레송은 재능 보다는 노력을 믿었고 다재다능한 재주꾼을 불신 했다. 한 장의 사진을 찍기 위해 하루 종일 기다렸으며 사건 사고처럼 특별한 이미지가 아니라 평범한 일상을 사진에 담았다. 피사체를 강조하거나 과장하는 표현을 철저하게 배격했으며 누구나 쉽게 사진에 공감하고 느낄 수 있도록 했으며 삶이 무엇인지 정확하게 인식하게 만드는 것을 중요하게 생각했던 그만의 사진 철학은 이렇듯 디지털 이미지의 시뮬라시옹에 놓여진 우리들에게 존재의 체험과 찰나의 미학을 느끼게 한다.

브레송의 사진 미학은 우연히 빚은 장면이다. 그는 예견치 못한 이미지를 소형카메라로 촬영해 정적인 공간에 시간성을 부여했다. 그래서 그의 사진은 멈춰진 한 장면이지만 동적으로

〈키스〉

느껴지고 하나의 스토리텔링으로 보이기까지 한다. 브레송은 사진속의 연출을 거부했다. 합성이나 효과도 내지 않았다. 그의 사진 속 모든 장면들은 철저하게 기다림의 찰나 속에서 삶을 그대로 끄집어 낸 것이다. 따라서 그의 작품은 자연스럽고 감동이 있다. 마치 한 편의 르포르타주(reportage, 사실에 관한 보고, 특별한 사건이나 현장 체험 등을 보고자의 주관을 섞지 않고 객관적으로

서술한 것)와 마주한 느낌이다. 그의 작품들이 많은 예술가들에게 불멸의 사진학 교과서로 인정받고 있는 이유가 바로 그것 때문일 것이다.

2000년 전의 예수의 말씀이 오늘도 우리들의 심령 골수를 쪼개는 살아있는 말씀이 되는 것 역시 존재의 체험과 찰나의 미학은 다르지 않음을, 그리고 디지털 이미지와 시뮬라시옹일지라도 거기에는 인간이 있고 사진기가 있다면 기술적 영상 시대에 신학과 설교는 여전히 존재할 것이다.

Ne te quaesiveris extra!

(당신 밖에서 당신을 추구하지 마십시오!)

9장

라포와 케노시스 기독론: 다큐 사진론

"여자가 이르되 메시야 곧 그리스도라 하는 이가 오실 줄을 내가 아노니 그가 오시면 모든 것을 우리에게 알려주시리이다." (「요한복음」 4:25)

1. 표현과 재현의 사진역사(영화사, 미술사): 사실과 감성

사진이 비평적 관심을 받은 때는 1970~80년대였다. 사진의 현상학에 대한 깊은 통찰을 제공하며 사진의 의미와 본성에 관한 분석적인 탐구를 제공한 롤랑 바르트, 매체의 한계에 초점을 맞추고 미디어에서 사진의 역할에 대한 조사를 지속하며 사진의 윤리적 지식을 육성한 수전 손택, 또한 사진 이미지가 진실하거나, 객관적인 것이 있다는 생각(이는 사진에 관한 전통적인 사유인데), 그리고 사진은 독특한 의미, 문맥–불변의 의미를 수반한다는 생각을 약화시켰던 앨런 세쿨라(Allan Sekula) 등의 비평 전성기는 현재의 디지털–이미지 기술과 이미지–조작 가능성을 통해 전통적인 네거티브-포지티브 과정을 대체하고 매체의 진실성에 대한 의구심을 주장한다.

따라서 외젠 앗제(Eugene Atget), 빌 브란트(Bill Brandt), 로버트 프랭크(Robert Frank) 등의 사진가들에 의한 사진 이미지들의 초현실적인 측면은 사진 이미지가 특별한 권위, 객관성 혹은 투명성을 가지고 있다고 생각하는 앙드레 바쟁(Andr Bazin), 지그프리트 크라카우어(Siegfried Kracauer), 루돌프 아른하임(Rudolf Arnheim) 등과는 대조되는 길로 나간다. 사진의 역사는 사실의 객관성과 이미지의 초현실적 감성으로 분화되는 것이다.

영화의 역사에 있어서도 마찬가지이다. (필자가 보기에) '영화의 아버지' 뤼미에르 형제(Auguste and Louis Lumière)는 "영화는 현실의 단편들을 그대로 기록하는 것"이다. 반면, (필자가 보기에) '영화의 어머니' 멜리에스(Georges Méliès)는 "영화란 변신의 기술"이다. 영화 속에서 실제 세계에서는 일어날 수 없는 환상적인 사건을 보여준, 그는 마술사의 제자였다. 뤼미에르가 '사실적 사건'을, 멜리에스가 '연출된 사건'을 촬영하는데 관심을 보임으로 영화를 보는 두 가지 시선이 등장한 것이다. 사진 역시 이미지의 객관성과 투명성, 그리고 초현실적 측면으로 나뉘는 것과 같은 맥락이다. 따라서 영화의 프레임은 '세계를 향한 창문인가, 아니면 이미지로 가득 찬 공간인가'는 현실과 이미지의 문제로 볼 수 있다.

'현실을 믿는 감독'과 '이미지를 믿는 감독', 리얼리즘과 구성주의(형식주의), '롱 테이크, 시퀀스 숏(쇼트 하나가 시퀀스를 이룰 정도로 긴 숏), 딥 포커스를 통한 미장센'과 '몽타주'의 대결, 바쟁(Andre Bazin)과 에이젠슈테인(Sergei Eisenstein)의 영화이론의 대결이다. 연속보다는 불연속을, 연결보다는 대립과 충돌, 인과적 진행보다는 급속한 단절과 비약을 강조하는 몽타주를 선호한 에이젠슈테인과 '영화의 눈'(kino—eye)을 통해 인간 시지각의 좁은 시계가 영화 기계의 눈에 의해 확장될 수 있음을 강조한 베르토프(Dziga Vertov)는 영화의 이미지가 현실을 더 잘 반영할 수 있다고 한다.

영화가 현실의 내용을 반영하는 것에는 찬성하지만 몽타주 기법은 반대하는, 20세기 영화비평사에 있어 가장 큰 영향력을 끼친 영화평론가이자, 『카이에 뒤 시네마』의 공동 설립자인 바쟁은 "몽타주를 강조하는 이론가들은 현실세계의 무한한 가변성과 복잡성을 무시하고 몽타주를 통해서 관객에게 일방적이고 자기중심적인 이데올로기를 강요하는 경향이 있다"고 하며, 리얼리즘 및 작가주의 영화이론을 펼쳐, 로셀리니의 〈무방비 도시〉(1945)나 데시카의 〈자전거 도둑〉(1948)등과 같은 이탈리아 네오리얼리즘(neorealism)을 극찬하였다.

그러나 리얼리즘 영화가 기반하고 있는 영화의 투명성이라는 명제는 브레히트(Bertolt Brecht)의 '소격효과(alienation effect)'

를 영화에 적용하여, 영화가 만들어진 것이라는 사실을 부각시키고, 영화라는 매체와 제작 과정 자체에 대한 자기반영성을 보여준 〈만사형통〉(1972)을 만든 1960년대 프랑스의 누벨바그(Nouvelle Vague)의 대표 주자 고다르(Jean–Luc Godard)에 의해 무너진다. 고다르는 "정치적인 영화는 정치적인 주제를 다루는데 그쳐서는 안 되며 영화 자체가 '정치적으로' 만들어져야 한다."라고 말한다. 그리하여 고다르는 관객을 현실로, 즉 영화가 만들어져 나온 바로 그 현실로 되돌아가게 하였다.

이러한 고다르를 습득한 세대들인 동시에 할리우드 액션영화와 텔레비전 광고 만화 뮤직비디오 등을 보면서 자란 이미지 세대들이 1980년대에 등장하여 누벨 이마주를 창조하였다. 장 자크 베네(Jean–Jacques Beineix), 뤽 베송(Luc Besson), 레오 카락스(Leos Carax) 등은 아주 기교적인 영상을 만들어내기 위하여 세트 조명 촬영 등에 매우 인공적인 방법과 장치를 동원하였으며, 주로 실내에서 영화를 촬영하고 색채적인 화려함이나 인물의 내면을 기점으로 사건을 서술하였다. 환상적인 이미지의 부활이었다.

그렇다면, 영화의 프레임은 꼼꼼한 미장센을 통한 사실적 사건들을 보여주는 세계를 향한 창문인가?, 아니면 몽타주를 통한 새로운 이미지의 창조로, 현실을 반영하는 환상적인 이미지로 채워지는 공간인가?, 그 대답은 헤겔(G. W. F. Hegel)의 '진리미학'과 칸트(I. Kant)의 '형식미학'의 영원한 순환이다.[22] 다시 근원적인 철학적 문제로 '재현'과 '구성'의 문제이다. 우리가 처한 현실을 어떻게 재현하고 구성하는가 하는! 따라서 영화의 역사를 표현과 구성으로, 사실적 사건(현실)과 연출적 사건(이미지)으로 나누어 보면 〈표 9-1〉과 같다.

22 플라톤에 의하면 철학과 예술은 적대적이다. 그러나 "시(詩)는 개별적인 것을 말하는 역사보다 보편적인 것으로 보편적 지식인 철학에 가깝다."라는 말로 예술은 아리스토텔레스에 이르러 제 위치를 찾는다. 다만 "시가 허구를 통해 진리를 말한다."고 예술의 허구성을 지적한다. 미학(aesthetics)이라는 말을 처음 만든 18세기 독일의 바움가르텐은 이러한 맥락에서 미학을 '저급한 인식의 학'으로 규정하지만, 헤겔에 이르러 '미는 이념의 감각적 현현'으로 규정함으로 고대 그리스에서 19세기까지 서구 미학의 '진리미학'을 구축한다. 정리하자면 '진리를 인식하는 것이 예술의 본질'이라는 의미이다. 그리고 진리미학은 본질적으로 예술적 고전주의를 대표한다. 예술에 인식적(眞), 윤리적(善) 가치를 부여하기를 거부하며 예술 고유의 미적 자율성을 강조하는 미학의 흐름이 있다. 바로 칸트의 미학이다. 그의 미학 이론에 따르면 예술은 개념적 규정의 구애를 받지 않는 '순수형식 요소'와 '상상력의 자유로운 유희'가 된다. 따라서 고전주의의 진리미학의 대립물로 시작한 칸트의 미학은 18, 19세기를 거치면서 서서히 예술적 실천의 영역에서 자기를 관철하기 시작하다가, 20세기에 들어와 비로소 주도적인 미적 관념으로 자리 잡게 된다. 오늘날 예술에 대한 우리의 생각은 칸트에게서 비롯된 것이다. 낭만주의적 관념의 영향 아래 고전주의적 진리미학에 대항하며 등장한 이 미학을 '형식미학'이라 부른다. 따라서 미학의 역사(근대에 국한되지만, 이를 넘어 보편성을 가질 것인데)는 '고전주의적 진리미학'과 '낭만주의적 형식미학'의 대립이라고 볼 수 있다.

<table>
<tr><th>사실적 사건(시각성, 사실성, 표현)</th><th>연출적 사건(이미지, 관념성, 재현)</th></tr>
<tr><td>‘영화의 아버지’ 뤼미에르 형제(Auguste and Louis Lumière)</td><td>‘영화의 어머니’ 멜리에스 (Georges Méliès)</td></tr>
<tr><td>사실적 사건–현실(realism)–longtake, 시퀀스 숏, 딥 포커스, 미장센(mise–en–scene)</td><td>연출된 사건(변신의 기술)–이미지(구성주의)–montage</td></tr>
<tr><td>바쟁(Andre Bazin)의 미장센</td><td rowspan="2">에이젠슈테인(Sergei Eisenstein)의 몽타주</td></tr>
<tr><td>베르토프(Dziga Vertov)영화의 눈’(kino–eye)</td></tr>
<tr><td>누벨 바그(Nouvelle Vague)의 대표주자 고다르(Jean–Luc Godard)</td><td>1980년대에 등장한 누벨 이마주, 장 자크 베네(Jean–Jacques Beineix), 뤽 베송(Luc Besson), 레오 카락스(Leos Carax)</td></tr>
<tr><td>“미장센을 통한 사실적 사건들을 보여주는 세계를 향한 창문인가?”</td><td>“몽타주를 통한 새로운 이미지의 창조로, 현실을 반영하는 환상적인 이미지로 채워지는 공간인가?”</td></tr>
<tr><td>헤겔의 ‘진리미학’ – 표현</td><td>칸트의 ‘형식미학’ – 구성</td></tr>
</table>

〈표 9–1〉 표현과 구성으로 바라본 영화의 역사: 사실적 사건(현실)과 연출적 사건(이미지)

사진과 회화는 사각형의 틀에서 이루어지는 시각 예술이다. 따라서 (사진은 탄생 과정에서는 문학, 특히 시와 닮은 점이 더 많긴 하지만) 표현과 재현으로 서양 미술사를 읽어도 마찬가지이다(〈표 9–2〉 참조).

시각성(사실성), 표현	관념성, 재현
구석기	신석기, 이집트
고대 그리스, 로마	중세
르네상스	바로크, 로코코
신고전주의	낭만주의
사실주의	인상주의, 표현주의, 입체파
	추상파, 초현실주의, 추상표현주의, 옵아트, 팝아트
	포스트모더니즘

〈표 9-2〉 표현과 재현으로 바라본 서양 미술사

표현이 사실적이라면, 재현은 감성적이다. '구석기-고대 그리스-르네상스-신고전주의-사실주의'를 잇는 사실성의 회화는 〈라스코 동굴벽화〉처럼 사실적 이미지의 표현이다. 반면 '신석기-중세-바로크, 로코코-낭만주의-인상주의-포스트모더니즘'으로 이어지는 관념성의 회화는 〈터키 샤탈휘이크 주신 벽화의 '사냥꾼'〉처럼 사실성보다는 관념과 상상, 감성의 개입이다. 따라서 사실성 회화의 감성적 대척점이자 총체적인 서양 미술사의 측면에서 보면 변증법적 순환이다. 중요한 것은 사실성에서 관념성, 곧 감성으로의 복귀가 더 급해졌으며 사실주의 이후 더 길어졌다는 사실이다. 목하 감성의 시대가 등장했다.

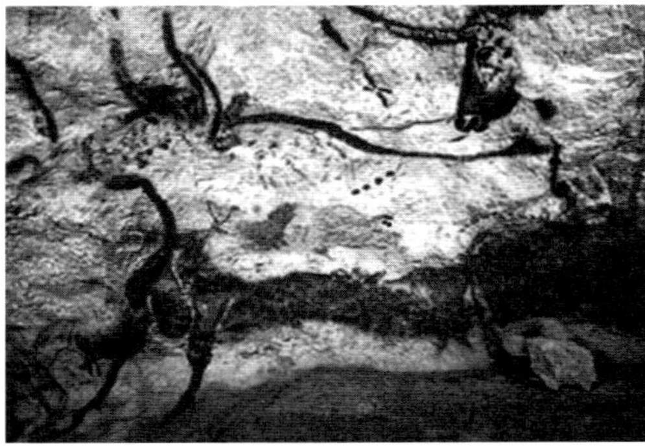

라스코 동굴벽화(구석기 작품)

터키 샤탈휘이크 주실 벽화 〈사냥꾼〉(신석기 작품)

2. 감성신학

미국의 45대 대통령으로 로널드 트럼프(Ronald Trump)의 당선은 많은 분석들이 있겠지만, 쉽게 정리하자면 '감성접근'과 '이슈파이팅(issue fighting)'을 들 수 있다. 저소득층과 중산층의 정서를 정확히 파악한 이후 '미국 우선주의(America First)'와 '위대한 미국 재건(Make America Great Again)' 같은 슬로건(혹은 이슈)으로 기득권 정치를 혐오하는 유권자들의 감정을 사로잡은 것이다. 이것은 트럼프가 저술한 책『회귀의 기술(The Art of the Comeback)』(1997)에도 잘 나와 있다. 그는 이렇게 말했다. "거래가 제대로 이뤄지기 위해서는 상대방을 파악해야 한다. 상대방의 정서와 동기를 파악하지 못하면 거래가 이뤄질 수 없다."고 한다. 그렇다. 바야흐로 정치는 감성 접근이며 신학 역시 그와 다르지 않다.

종교감정의 본질을 '힘에의 복종'이라고 정의한 종교현상학자 반 델 레에우(van der Leeuw)처럼 프로이트(Sigmund Freud)는 종교감정의 기원과 본질에 관해 유아적 무력감의 '부모의 권위에 대한 정서적 필요'와 '권위에의 복종'으로 이해한다. 만약『기독교의 본질』에서 포이에르바흐(Ludwig Feuerbach)의 '종교는 인간 본질의 투사'로 보는 것에 동의한다면, '신학의 본질은 심리학'으로까지 소급될 수 있을 것이며 심리학의 심(心), 마음, 곧 감성으로도 논의될 수 있을 것이다.

교회사에 있어서 지성주의적 종교에 대한 거부는 그 역사가 길다. 터툴리안은 "예루살렘이 아테네와 무슨 관계가 있느냐?"고 했으며, 파스칼(Blaise Pascal)은 "아브라함의 하나님, 이삭의 하나님, 야곱의 하나님은 철학자가 아니다."라고 단정 지었다. 종교의 본질을 "절대 의존의 감정"에서 찾은 19세기의 위대한 신학자 슐라이에르마허(F. D. E. Schleiermacher)는 지성주의적인 계몽주의 종교관의 종말을 고했다. 헤겔의 주지주의적 종교관을 타파하려했던 키에르케고르(S. Kierkegaard)는 "진리는 주체성"이라는 말로, 그리고 루돌프 오토(Rudolf Otto)는 "종교에는 합리적 요소와 비합리적 요소가 있는데, 절대 타자 앞에 선 피조물 감정이라는 비합리적 요소야말로 종교의 근원이다."라고 말하며 기나긴 주지-주의주의의 종교 전쟁에 마침표를 찍는다. 게다가 윌리엄 제임스(William James)는 "감정은 종교의 보다 깊은 원천이며 신학적인 신조들은 부차적 산물이다."라고 말하며 지성주의로 종교가 이해될 때 종교의 참 생명은 사라지고, 인간의 삶과 무관한 사변만이 존재할 것이라고 지적한다. 더 나아가 프로이트에게 있어서 종교는 '성찬 의례, 토템 의식, 다산과 풍요, 절대 권위에 대한 순종' 등으로 나타나는 구체적 감정과 살아 있는 경험의 영역이 된다. 목하 감정신학이 시작된 것이다.

철학사에 있어서도 마찬가지이다. 데카르트나 칸트가 인간의 육체보다는 정신을, 감정보다는 이성을 더받들 때, 감정을 인간 본성의 중심에 올려놓은 스피노자(Benedict de Spinoza)는 『에티카』(*Ethica ordine geometrico demonstrata*, 기하학의 방법으로 증명한 윤리학)에서 이렇게 선언한다. "인간은 감정의 동물이다.", "몸과 마음은 하나이다." 사실 우리가 어떤 상황에 좋다, 나쁘다고 느끼는 감정은 뇌와 신경계에서 일어나는 반응이다. 진화의 과정에서 생명체는 생존과 안녕을 위해 감정을 갖게 되었다. 따라서 우리 인간은 생물학적 욕구가 만족되었을 때 행복과 기쁨을 느낀다. 스피노자는 이렇게 말한다. "덕의 일차적 기반은 자기 자신을 보존하고자 하는 노력이며 행복은 자신의 존재를 유지할 수 있는 능력에 있다." 즉 감정으로부터 도덕이 나왔다고 말하는 것이다.

스피노자가 감정에 주목한 것은 인간이란 존재의 생물학적 특성을 잘 포착한 것이다. 철학자들이 외면했던 몸과 욕망, 감정을 인간 본성의 중심에 놓았던 스피노자의 윤리학은 '생물학적인 인간의 욕구'로부터 출발해서 '다 함께 잘사는 사회를 지향'하고 있다. "우리의 선은 우리를 다른 사람과 사회 전체의 이익에 연결해주는 우정에 있다."고 말하는 스피노자의 말은 바로 이러한 맥락이다. 따라서 스피노자에게 있어서 슬픔을 기쁨으로 바꾸려는 노력이야말로 우리의 삶을 관통하는 최고의 가치가 되는 것이다. 신앙이 죄에 빠진 영혼의 구원을 말하고, 신학이 공동체의 회심의 경험과 연대를 통해 새로운 세상을 보여주는 것 외에 다른 그 무엇이겠는가! 고통을 희망으로 바꾸는 십자가와 부활이야말로 신앙인의 삶을 관통하는 최고의 가치가 될 것이다.

3. 사진은 어떻게 감정을 담을까?: 라포와 다큐사진

사진은 세상을 담아내는 큰 그릇이다. 사진작가 주기중의 말처럼 "사진은 정지 상태의 세계를 담아내지만 시간과 공간을 더불어 품어 내며 우리 삶의 영역을 포함해 그 너머까지 아우른다." 이를 위해 피사체와 카메라와 작가가 하나인 삼위일체가 되는 순간이 중요할 것이다. 이를 '교감'이라고도 할 수 있는데, 사진에서는 '피사체와의 대화'를 뜻한다. 마음의 대화를 통해 피사체와 감정을 나누는 것이다. 그렇게 해서 번쩍하고 떠오르는 직관을 순간적으로 담아내는데 브레송은 이를 '결정적 순간(The Decisive Moment)'이라고 한 바 있다. 그 순간을 위해 사진작가는 대상에 참여하며 관찰하는 것이다.

참여 관찰이란 주로 인류학자들이 수행하는 연구 방법으로 피조사자의 생활이나 활동 영역에 참여하여 그들의 삶을 관찰하여 기록하는 것이다. 현지에서 관찰과 연구가 이뤄지기 때문에 세밀한 자료를 얻을 수 있다. 이러한 참여 관찰을 제대로 수행하기 위하여 우선적으로 필요한 것이 라포(rapport)의 구축이다. 라포란 '조사 대상인 현지인들과 신뢰를 바탕으로 둔 친근한 인간관계'를 뜻한다. 따라서 라포를 형성하기 위해 조사자가 속해 있던 세계관으로부터 벗어나야 하고, 현지인의 문화와 습속을 존중하여 그 사람들이 경계심을 풀고 벽을 허물도록 반드시 인간적 존중을 쌓아야 한다. 그 가운데 현장에 장기간 체류하는 것이 중요하다.

라포 구축의 대가라면 사진작가 이재갑을 빼 놓을 수 없다. 우리 사회에 그림자처럼 존재하는 혼혈인들은 물론이고 한국전쟁 당시 발생한 민간인 학살 사건들, 나아가 일제 강점기 강제 징용을 비롯한 여러 식민의 흔적 등을 사진 속에 담으며 한국 근현대사의 수많은 잊혀진 이야기들을 언어가 아닌 이미지로 기록하는 그는 파주의 한 '형님'을 찍는 데 14년 6개월이란 시간이 걸렸다고 한다. 사진이 감정을 담기 위해 라포와 다큐를 거쳐야만 했을까? 이재갑의 사진 〈혼혈인, 1993〉은 사진 그 이상을 우리들에게 들려준다.

이재갑의 〈혼혈인〉(1993)

사진 속 혼혈인은 한국전쟁 이후에 태어난 '또 하나의 한국인'이며 이재갑은 1992년 2월부터 15년간 이들과 라포를 구축하며 다큐 사진을 찍었다. 혼혈인인 이들은 주류 사회로부터의 멸시와 그 때문에 생긴 주류에 대한 불신은 정상/비정상, 순종/잡종, 도덕/부도덕의 이분법과 둘로 나뉜 세상에서 항상 후자로 분류되었다. 둘로 갈려진 세상, 어느 한 쪽이 다른 쪽을 비정상으로 낙인찍는 세상, 그 안에 엄연한 현실로 존재하는 불의한 구조를 이재갑은 사진 이미지로 폭로하고 있는 것이다. 그에 따르면 사진으로 역사나 이데올로기 혹은 민족의 이름이나 인권 등을 말하고자 하는 것이 아니다. 다만, 그가 말하고자 한 것은 사람에 관한 이야기일 뿐이다.

구원을 바라는 사람이 있고 공동체와의 연대를 요구하는

이들이 있다는 것이다. 그들의 목소리는 다큐멘터리 사진작가를 통해 '소리의 이미지화'가 실현된다. 따라서 이 땅에 치열한 현장 다큐멘터리 사진작가들이 있다. 이상엽, 한금선, 노순택, 정택용, 장영식 등이 바로 그들이다. 이들은 포스트모던 시대에 여전히 근대의 거대 서사를 붙들고 있다. 따라서 이들의 사진에는 '가진 자/갖지 못한 자, 소외시키는 자/소외당하는 자'의 이항적 분류가 존재한다. 이들의 사진에는 가변적인 허상 이미지들의 혼종성과 복합성은 삭제된다. 용산 참사 현장과 4대강, 강정 마을에서 밀양 송전탑까지, 그리고 진도 앞바다에서 소외당하는 자와 핍박받는 자와 함께함으로(라포) 사진의 진실한 가치를 찾는 것이다. 그때 사진은 다큐를 넘어 감성을 일깨운다.

이상엽의 〈용산참사-1〉

이상엽 〈용산참사-2〉

다큐멘터리 사진가 이상엽은 "사진이야말로, 다른 자기표현 수단이 없는 사회적 약자들의 것"이라고 말한다. 그는 아시아인의 감성으로 아시아와 아시아 사람들을 찍어보자는 생각으로 11년 동안 아시아를 발로 찾아 다녔다. 그의 사진 속에 담긴 아시아는 서구의 시각으로 재단된 여느 아시아 사진들과는 다른 느낌으로 다가온다. '다큐멘터리는 사회적 약자들의 고통과 아픔을 나누는 공간'이라고 말하는 이상엽은 이렇게 절규한다.

"다큐멘터리 사진이 점점 인쇄매체로부터 멀어지고 있습니다. 독자들은 험한 현실을 폭로하는 사진, 고통스런 사람들을 찍은 사진들을 회피합니다. 그러지 않아도 사는 게 바쁘고 고달픈데, 사진까지 고통스러워서야 되겠느냐는 것이죠. 오직 행복하고, 예쁘고, 아름다운 사진만을 찾는다는 것입니다. 그리고 대중에게 나오기도 전에 불편한 사진들은 아예 편집과정에서 배제되어 버립니다. 약자의 편에 선 다큐멘터리가 외면당한다는 것은 사회적 약자들의 고통과 아픔을 나눌 수 있는 공간이 없어진다는 것입니다. 한편, 다큐멘터리 사진은 유혹을 받고 있습니다. 순수예술로서 아트갤러리에 걸릴 것을 요구받는 것입니다. 이런 사진들을 찾는 소수를 위해 아트갤러리에 걸면 사진을 비싸게 팔 수 있기 때문입니다. 세계에서 공통적으로 이런 현상들이 벌어지고 있습니다. 시대가 변하고 있다는 것이 느껴집니다. 이제 남의 고통에 점점 관심을 기울이지 않는 것 같습니다."[23]

23 다큐멘터리 사진을 처음 찍은 사람은 프랑스의 사진작사 외젠 앗제이다. 그는 파리 시의 모습을 그대로 찍어 화가들에게 팔던 사람이었다. 이처럼 사실을 있는 그대로 담아 왔던 다큐멘터리 사진은 현대에 와서는 폭로와 고발의 주된 수단이 되었다. 그러나 오늘날 사회적 약자들의 고통과 아픔을 나누었던 다큐멘터리는 점차 사양길을 걷게 되었다. 그리고 이러한 현실을 넘은 관념적 이미지의 등장은 사진사의 변증법적 발전이기도 하지만, 어쩌면 씁쓸한 발전이 되는 것이다.

따라서 이상엽은 사회적 약자의 편에 선 다큐멘터리 사진의 '기본'을 지켜야 한다고 강조한다. 그의 용산참사는 그러한 기본을 잘 보여준다. 동시에 다큐 사진에 라포라는 기본이 있다면 기독교 신학에는 성육신이라는 기초가 있다.

4. 라포와 케노시스 기독론

프로이트에게 있어서 억압된 것은 사라지는 것이 아니라, 무의식으로 잠복할 뿐이다. 이러한 잠복된 억압은 에너지를 축적하여 밀도가 심해지고 이렇게 강화된 억압은 화산처럼 의식의 표면으로 폭발한다. 정신분석학적으로 증상으로 표출되는 이러한 억압은 개인적으로는 '강박신경증'으로, 집단적으로는 '종교'라는 집단 신경증으로 나타난다. 따라서 프로이트는 "신경증이 개인 종교라면 종교는 집단 신경증"이라고 말한다. 프로이트의 말을 들어보자.

> "형제들은 아버지의 자리에 특수한 동물을 토템으로 세웠다. 이 토템동물은 형제들의 조상이자 수호령신으로 받아들여졌다. 따라서 다치게 하거나 죽여서는 안 되었

다. 모듬살이의 남성들은 일 년에 한 번씩 한자리에 모여 의례적인 향연을 벌였는데, 그들은 바로 이 자리에서 토템 동물(평소에는 숭배의 대상이던)을 죽이고는 모두 그 고기를 찢어 나누어 먹었다. 모듬살이의 남성이면 어느 누구도 빠질 수 없는 이 향연은 아버지 살해의 의례적인 반복이었다. 바로 여기에서 사회적인 질서, 윤리적인 규범, 그리고 종교가 시작되었다."(『인간 모세와 유일신교』)

프로이트 식으로 말하자면 세계의 모든 위대한 종교들은 오이디푸스 혁명이 승리한 결과 탄생되었다. 고대종교와 조로아스터교, 힌두교와 불교, 다신교와 모세, 유대교와 기독교, 가톨릭과 개신교 등 부친 종교에 대한 오이디푸스의 반역 승리이자 아들이 아버지가 되는(혹은 동일시되는) 새로운 종교의 탄생인 것이다.

그러나 바울의 기독교는 '근원적 죄의식(프로이트식으로는 부친살해)'으로 부터 벗어날 수 있는 '구원의 종교', 그 가능성을 보여준다. 즉 기독교는 아들을 통한 신과의 화해, 부친과의 화해를 주장한다. 따라서 기독교의 핵심은 아버지 하나님과의 화해, 하나님에게 저질렀던 죄업을 예수를 통해 속죄 보상하는 행위에 근거하고 있다. 따라서 바울의 기독교는 인간을 하나님과 화해시키고 원죄를 씻어주는 예수를 구세주요, 해방자로 고백한다. 케노시스 기독론은 그 선포이다.

> "여러분은 그리스도 예수께서 지니셨던 마음을 여러분의 마음으로 간직하십시오. 그리스도 예수는 하느님과 본질이 같은 분이셨지만 굳이 하느님과 동등한 존재가 되려 하지 않으시고 오히려 당신의 것을 다 내어놓고 종의 신분을 취하셔서 우리와 똑같은 인간이 되셨습니다. 이렇게 인간의 모습으로 나타나 당신 자신을 낮추셔서 죽기까지, 아니, 십자가에 달려서 죽기까지 순종하셨습니다."
>
> (「빌립보서」 2:5~8)

아우구스티누스(Augustinus)는 『고백록』에서 "기독교에는 플라톤 철학에 없는 것이 있는데 그것은 바로 성육신"이라고 말한바와 같이, 유대교가 부친살해의 억압된 기억에 근거한 부친의 종교라면 기독교는 이를 인정하면서 부친과의 화해를 말한다. 그리고 그 화해의 다큐는 라포인 케노시스인 것이다.

유대교의 부유하는 해석학적 기표를 성육신의 기의로 종결지은 성육신 사건은 프로이트가 유대교를 발생학적 오이디푸스 반역에서 해석한 것과는 달리, 기독교에는 헤겔식의 목적론적 화해로 신이 인간이 되신 사건으로 존재할 수 있게 되었다. 리쾨르(Paul Ricoeur)의 말처럼 프로이트의 해석학이 과거를 향하는 고고학(archeology)이라면, 기독교는 헤겔식으로 미래를 향하는 목적론(teleology)이 되는 것이다.

헤겔은 종교철학 강의에서 그리스 종교와 로마 종교를 각기 '미의 종교'와 '유용성의 종교'로 지칭한 반면, 유대교를 '장엄의 종교'로 규정했다. 이러한 측면에서 바라본다면 기독교는 유용성의 장엄을 넘어 사랑을 통해 미를 구현하는 '구원의 종교'가 되는 것이다. 따라서 기독교인은 예수 그리스도의 성육신 사건의 놀라운 의미를 깨닫고 다큐를 통해 사회적 약자들과 라포를

2016년 11월 5일 부산역에서 서면까지 두 딸과 행진하며

형성하는 것, 이를 위해 불의한 권력에 맞서는 것! 이것이 진정 신앙의 길이자 다큐 사진의 길인 것도 깨달을 것이다.

10장

사진 신학의 기독론: 빛의 신학

"보여지는 것, 그 자체, 너무 성급하게 메타포나 상징으로 건너뛰지 마라. '문화적 의미'를 담으려 하지 마라. 아직 이르다. 이런 것은 나중에 생각해도 늦지 않다. 먼저 대상의 표면에 떨어진 빛의 실체를 느껴야 한다." (필립 퍼키스, 『필립 퍼키스의 사진강의노트』 중에서)

1. 사진, 빛의 예술

사진을 찍는 것을 '빛 사냥'이라고 한다. 곧 피사체를 표현하기에 가장 좋은 빛을 찾는 것을 말한다. 사실 빛은 평면인 사진을 입체로 보이게 하는 사진미학의 핵심이다. 따라서 사진은 빛의 예술이다. 그래서 사진은 빛을 보는 것이 반이다. 처음 사진을 찍을 때는 피사체의 밝고 어두움만 보게 된다. 그래서 '눈에 보이는 것을 어떻게 똑같이 찍을 것인가?'에만 집중하게 되는데, 피사체가 빛의 종류에 따라 미묘하게 달라지는 느낌은 어느 정도 훈련을 거쳐야만 알 수 있다고 한다. 따라서 작품사진의 경우 여름에는 오전 9시 즈음, 가을에는 오후 4시쯤에 사진을 찍어야 태양빛이 강하지 않아 피사체가 부드럽게 나온다고 한다.

사실 가장 아름다운 사진을 찍을 수 있는 시간은 '매직아워(Golden hour)'[24]인 '개와 늑대의 시간'이다. 자연의 빛과 인공의 빛이 공존하는 시간으로 해질 녘 지평선으로 사라지는 태양이 모든 사물을 붉게 물들일 때 언덕 너머로 희미한 그림자 하나가 다가오는데, 그것이 내가 기르던 개인지, 아니면 나를 해치러오는 굶주린 늑대인지 분간할 수 없는 상황을 말한다. 낮도 밤도 아닌 애매모호한 시간의 경계, 기대와 불안이 교차하는 순간인 것이다.

다가오는 저 실루엣은 분명 내게 가족과도 같은 개이거나 내 일상을 송두리째 흔들어댈 늑대 둘 중에 하나임이 분명하지만, 혹시나 개인 줄 알고 방심하다 늑대의 밥이 될 수 있고, 늑대인줄 알고 총을 쐈는데 그것이 사랑하는 개일 수도 있는 불확실성으로 가득 찬 시간, 그래서 프랑스 사람들은 황혼 무렵이면 종종걸음을 하고 습관처럼 긴장의 끈을 놓지 않는다고 한다.

카메라는 사람의 눈보다 빛을 더 잘 받아들인다. 사람의 동

24 매직아워는 일몰 후 수십 분 정도의 시간으로, 이러한 황혼의 때 촬영을 하면 광원이 되는 태양이 사라지고 있기 때문에 사물에는 그림자가 없는 상태여서, 색상이 부드럽고 따뜻하고 금색으로 빛나는 시간을 말한다.

공 역할을 하는 조리개는 일정량 이상의 빛을 받을 수 없다. 따라서 셔터타임을 길게(장노출) 설정하고 사진을 찍으면 피사체가 눈으로 보는 것보다 훨씬 더 밝고 자세하게 나온다. 왜냐하면 자연상태에서도 완벽한 어둠이란 없기 때문이다. 달빛도, 별빛도 훌륭한 조명이 되기 때문이다.

빛은 햇빛(과 달빛, 별빛)으로 대표되는 자연광과 스튜디오에서 사용하는 조명기기와 스트로보(strobe, 외장플래시)같은 인공광이 있다. 실내 조명등이나 가로등, 랜턴 불빛도 인공광이다. 빛은 사진을 아름답게 보이게 할 뿐만 아니라, 사람의 마음까지 움직인다. 사진을 찍은 사람의 정서가 빛을 통해 감정이입되기 때문이다.

빛은 또한 직사광과 산란광으로 분류할 수 있다. 맑은 날의 햇볕이나 스튜디오의 조명기기는 직사광이다. 아침이나 저녁때 직사광은 부드러워서 그늘진 부분의 질감도 살릴 수 있기 때문에 사진찍기에는 좋다. 비가 오거나 구름이 많은 날은 빛이 공기 중의 수분이나 먼지에 반사되어 흩어진다. 이를 산란광이라고 하는데, 이런 날은 빛과 그늘의 구분이 잘 되지 않아 빛의 방향을 파악하기 힘들다. 따라서 사진에서 가장 중요한 것은 빛의 방향을 읽는 것이다.

'순광'은 빛을 등지고 찍는 것이고, '사광'은 피사체를 45도 각도로 비추어주는 빛이다. 사진에 가장 어울리는 빛은 바로 이

사광이다. '측광'은 피사체를 옆에서 비추어주는 빛을 말한다. 명암이 뚜렷하게 나타나기 때문에 매우 강렬한 느낌을 준다. 따라서 풍경사진을 찍을 때는 측광을 사용하여야 대자연의 위대함을 표현할 수 있다. '탑라이트(top light)'는 빛이 머리 위에서 내려오는 것으로, 인물사진을 찍으면 얼굴의 굴곡 때문에 그림자가 생겨 사람이 괴물같이 나오게 된다. 반면 사막이나 황무지에는 탑라이트가 좋다. '역사광'은 피사체를 뒤에서 비스듬히 비추어주는 빛이다. 피사체의 가장자리를 빛으로 에워싸 입체감을 주며 돋보이게 한다. 아주 매력적인 빛이라고 할 수 있다. '역광'은 피사체를 뒤에서 비추는 빛이다. 피사체의 앞부분은 검게 나오는데, 실루엣 사진이라고도 한다. 극단적인 명암의 미학을 표현하는데 적절하다.

이러한 빛의 특성 가운데 하나는 빛이 직진한다는 사실이다. 따라서 장애물이 있으면 부딪혀 앞으로 나가지 못한다. 그래서 그림자가 생긴다. 강하고 투명한 빛일수록 그림자도 짙다. 빛에 가까이 있는 물체일수록 그림자는 커지고 멀리 있는 물체일수록 그림자는 작아진다. 투영되는 배경이 밝을수록 그림자는 선명하지고 어두울수록 그림자는 흐려진다.

빛이 없으면 볼 수 없다. 온전한 눈도 어둠 속에서는 제기능을 하지 못한다. 그리고 빛이 있어도 보지 못할 수도 있다. 왜냐하면 그것을 볼 수 없게 만드는 것이 있기 때문이다. 인간의 이데올로기나 거짓된 신화, 권력과 언론의 선전선동과 인간의 무지가 바로 그것이다. 빛을, 나아가 '참다운 가족'을 보이지 않게 만들기 때문이다. "참 빛 곧 세상에 와서 각 사람에게 비추는 빛이 있었나니 그가 세상에 계셨으며 세상은 그로 말미암아 지은 바 되었으되 세상이 그를 알지 못하였고 자기 땅에 오매 자기 백성이 영접하지 아니하였으나"(「요한복음」 1:9–11) 빛으로 오신 예수를 세상이 알지 못하는 것도 동일한 맥락이다.

2. 〈보이지 않는 가족〉 전시회

'2015–2016 한불 상호 교류의 해'[25]와 '롤랑 바르트 탄생 100주년'을 기념하여 서울시립미술관(SeMA)이 프랑스 국립조형예술센터(CNAP)와 아키텐지역 현대미술기금(Frac Aquitaine)과 함께 공동 주최하는 〈보이지 않는 가족〉전이 2016년 4월 5일부터 5월 29일까지 개최되었다. 프랑스 국립조형예술센터와

25 한-불 상호교류의 해는 한국과 프랑스의 수교 130주년을 기념하기 위하여 2015년 9월부터 2016년 말까지 지정하여 진행되었다. 특히 '한국 내 프랑스의 해'는 2016년 3월부터 2016년 12월까지로 많은 행사와 공연이 진행되었다.

프락 아키텐의 소장품 200점 여 점으로 구성된 이 전시에는 1930년대 이후부터 소장된 워커 에반스, 앙리 카르티에 브레송, 윌리엄 클라인, 다이안 아버스, 제프 쿤스, 신디 셔먼, 소피 칼, 크리스티앙 볼탕스키 등의 기념비적인 작품들이 포함되었다. 이것은 현대 사진 및 미술 속에서 롤랑 바르트(Roland Barthes)의 광범위한 영향을 확인하는 동시에 프랑스를 대표하는 공공예술기관인 CNAP, FRAC의 사진 컬렉션의 주요 작품을 국내에 소개하는 기회가 되었다.

서울시립미술관 전시는 바르트의 영향을 받은 1960–70년대 이후 현대 사진가와 미술가들로 구성된 4개의 테마–〈신화를 해체하기〉, 〈중립 안으로〉, 〈보이지 않는 이들〉, 〈자아의 허구〉–를 통해 사회적으로 비가시적인 인물들의 초상을 새롭게 조명한다. 이 전시회는 '행복한 탄생, 근심 없는 어린 시절, 직장생활, 사랑과 결혼, 전쟁과 죽음' 등의 보편적 과정으로 설명되어온 유사 인문주의적인 '인간 역사'를 해체하고, 사회적 소수자들에게 인류 공동체의 한 자리를 부여하는 재현의 정치학을 통해 지금 여기의 세계에 대한 숙고를 이끌어 준다. 신학적으로 표현하자면 빛으로 오신 예수의 인간적 삶의 모습을 전시했다고나 할까? '작은 예수–들'의 삶을 사진들이 녹여서 보여주고 있다. 〈보이지 않는 가족〉의 이면에 '보이는 예수–들'이 있는 것이다.

1) 신화를 해체하기: 지배적 표상들과 위대한 남성들

> "나는 프랑스 사회의 일상사가 지니고 있는 몇몇 신화에 대해 체계 있게 생각해 보고자 하였다. 이러한 고찰의 소재는 신문기사, 주간지의 사진, 영화 공연, 전시회 등 매우 다양하였고, 주제 또한 매우 자의적이었지만, 분명한 것은 모두 내가 살고 있던 바로 그 시대의 현실과 관련되어 있다는 것이다. 이러한 고찰이 시작되게 된 것은 대개의 경우, 우리가 살고 있는 이 현실만 보아도 알 수 있는 바, 현실이란 완벽히 역사적인 것임에도 불구하고, 저널리즘, 예술, 상식 등에 의해 자연스러운 것, 본래적인 것으로 둔갑해 버리는 현상, 즉 현실의 거짓된 자연스러움이 참을 수 없이 느껴져서 였다. 한마디로, 나는 우리의 시사에 관한 이야기 속에서 자연과 역사가 혼동되는 것을 시종일관 괴롭게 지켜보아야 했고, 이에 자명한 것으로 포장된 진술 속에 숨겨져 있다고 생각되는 이데올로기적 오용을 다시금 포착해 내고 싶었다." (롤랑 바르트, 『신화론』 서문)

롤랑 바르트는『신화론』(1957)에서 거대한 근대적 신화들과 지배적 표상들을 방법론적으로 해체하는 일을 시작했다. 프티 부르주아 사회에 대한 그의 통렬한 비판은 주로 일간지와 잡지에서 비롯된 것으로 후에 그가 사진 이미지를 광범위하게 분석하게 되는 영감이 되었다. 이 섹션은 사진이 비평적 기능을 취하게 되면서 권력의 이미지가 바로 그 이미지 내부로부터 불안정해지는 순간을 제시한다. 사회 질서와 가부장적 위계질서의 미묘한 자리바꿈을 통해서, 그 이미지들은 사회의 약자에 대한 제한 없는 통제를 열망하는 동시에 귀족의 미화와 상징적인 명작들(모나리자)에 대한 숭배를 승인하는 아버지, 군인, 성공한 남자, 신사, 중산층 명문가처럼 위대한 가부장적 표상들의 애매모호한 면을 폭로한다. 예수께서 오셨을 때 자신의 메시야 사역을 「이사야」 61장 1–3절 말씀을 인용하며 다음과 같이 선포하셨던 말씀에 선취되었다.

> "주의 성령이 내게 임하셨으니 이는 가난한 자에게 복음을 전하게 하시려고 내게 기름을 부으시고 나를 보내사 포로 된 자에게 자유를, 눈 먼 자에게 다시 보게 함을 전파하며 눌린 자를 자유롭게 하고 주의 은혜의 해를 전파하게 하려 하심이라 하였더라." (「누가복음」 4:18–19)

〈신화를 해체하기〉 섹션 작품들

2) 중립 안으로: 사진의 0도

"새로운 중립적인 글쓰기는 절규와 판단 사이에 존재하며 이들의 부재로 구성된다. 그러나 이런 부재가 완벽한 것은 이런 부재가 어떤 도피도 비밀도 허용하지 않기 때문이다. 그러므로 우리는 이런 글쓰기를 글쓰기의 막다른 골목이라고 말해선 안 되고 오히려 이런 글쓰기는 순결하다. 이런 글쓰기의 목표는 우리의 운명을 기본적 말하기에 맡기면서 살아있는 언어와 문학적 언어로부터 멀어지면서 문학을 초월하는 데 있다. 까뮈의 '이방인'에서 시작된 이런 투명한 말하기의 형식은 문체의 부재를 성취하고 이 부재가 문체의 이상이다. 이제 글쓰기는 일종의 부정법으로 환원되고, 따라서 언어의 사회적 신화적 특성은 형식의 중립성, 불변의 상태를 위해 소멸한다. 그러므로 사유는 역사에 대한 2차적 언급이 아니라 사유 자체에 책임을 지고 사유 자체에 머문다." (롤랑 바르트, 『글쓰기의 영도』)

일련의 역사적 사건을 거치며 민족 신화가 해체되자, 제2차 세계대전 이후 백지상태를 향한 열망이 이어졌다. 『글쓰기의 0도』(1953)는 바르트가 '영도의 글쓰기'로 특징지은 누보로망, 또는 신소설이라 불린 새로운 문학 장르의 출현과 그 때를 같이 했다. 바르트가 말하는 영도의 글쓰기는 크게 두 가지 유형이다. 하나는 사르트르가 말하는 산문과 시, 언어와 문체 중간에 존재하는 글쓰기이고, 다른 하나 문학적 언어를 파괴하는 유형으로 이른바 '무색의 글쓰기, 백색의 글쓰기, 영도의 글쓰기'이다.

바르트는 산문 대신 언어, 시 대신 문체라는 용어를 사용하면서 언어(산문)는 이데올로기, 역사에 봉사하기 때문에 우리를 억압하고, 문체(시)는 작가가 사용하는 개인적인 은유로, 폐쇄된 과정이며 사회 밖에 머물기 때문에 비판된다. 따라서 영도의

〈중립 안으로〉 섹션 작품들

글쓰기는 언어(산문)와 문체(시)의 경계를 해체하고, 문학의 죽음을 선언하고, 문학의 새로운 가능성을 찾는다.

또한 언어학의 경우 단수/복수 같은 이항 대립 체계 사이에 '제 3의 항목', 이른바 '중립항' 혹은 '영도의 요소'가 존재한다. 가령, 가정법과 명령법 사이에 존재하는 지시법은 법(mood)이 부재하는 형식, 문법적으로 양식이 없는(amɔdal) 형식이다. 법은 화자의 태도를 표현하지만 영도의 글쓰기는 기본적으로 지시법을 지향하고, 좀 더 정확하게 말하면 저널리즘적 글쓰기라고 할 수 있다. 곧, 영도의 글쓰기는 절규와 판단이 부재하는 글쓰기이고, 가정과 명령을 허용하지 않는 글쓰기이고, 그야말로 순결한 글쓰기, 무의 글쓰기, 부재의 글쓰기이다.

1967년 미국 잡지 『아스펜』은 바르트의 유명한 글 「저자의 죽음」을 실었는데, 미니멀리즘은 저자의 종언이라는 독자 중심적 철학을 기꺼이 받아들였다. 사진은 저자가 기계에 의해 지워지고 기술에 의해 제외되는, 작가 없는 작업의 가능성을 구현한다. 그 당시 다른 예술가들처럼 선불교 철학에 심취해있던 바르트는 사진 이미지를 간결한 언어로 한 순간을 포착하는 일본의 시, 하이쿠에 견주면서 사진 이미지의 시적 고찰을 생각해냈다. 이것도 아니면서 저것도 아닌 중립은 집단적 시대의 한 형식으로서 부유하는 존재의 시공간이며 사회이건 가족이건 또는 낭만적인 것이건 간에 다른 질서를 고찰할 수 있게 한다.

해체주의 신학자 마크 테일러(M. Taylor)는 『해체신학*Deconstruction Theology*』에서 포스트모던 신학의 무신론적 성격을 이렇게 말한다. "무신론임에도 불구하고 포스트모더니즘은 종교적이며, 이러한 무신론적 종교성은 진정한 포스트모던 신학을 위한 출발점을 제공해 준다." 테일러의 무/신학(A/Theology)은 전통적인 유신론의 출발점인 신이나 무신론의 출발점인 인간을 모두 뛰어 넘어 제3의 것을 추구한다. 그렇다고 해서 롤랑 바르트와 같이 제3의 것이 별도로 있는 것은 아니다. 그것은 오직 발음되지 않지만 쓰여지는 " / "로써만 존재한다. " / "는 신학과 무신학을 한숨에 발음하고 붙잡으면서 동시에 신학과 무신학 양자 모두를 전도시키는 것이다. 이런 의미에서 무/신학의 근거인 " / "은 신학과 무신학 양자의 근거를 모두 박탈하는 근거 아닌 근거이다.

테일러는 " / "을 '비변증법적 삼항(nondialectical third)', '불가사의한 삼항"(missing third)' 등으로 부르면서 이를 통해서 지금까지 신학이 사유하는 데 실패했던 유신성과 무신성의 "중"(between)의 사유를 찾아 나선다. 해체주의 철학자 데리다(J. Derrida)는 이것을 '비근원적 근원(nonoriginal origin)'이라고 불렀는데, 테일러는 이러한 데리다의 철학적 작업을 주시하며 신학적인 통찰을 얻고자 한다. 즉 데리다가 헤겔의 객관적 변증법과 키에르케고르의 실존적·주체적 변증법 사이에서 움직이는 것을 예의 주시하면서 그로부터 신학적 통찰을 얻고자 한 것이다. 결론적으로 이들의 작업은 둘 다 헤겔이 말하는 '절대지' 너머에 있는 '차이'와 '타자성'을 키에르케고르적인 통찰을 통하지 않고 말할 수 있는 가능성을 추구한 것이다. 그리고 이 차이와 타자성은 자세히 보아야 보인다.

3) 보이지 않는 이들: 『카메라 루시다』의 사진첩

우리는 어떻게 이미지를 통해 세계를 다시 상상할 수 있는가? 『카데라 루시다』(1980)의 이미지들은 사진 역사의 또 하나의 거대 신화이다. 사진 이론에 대한 이 중요한 에세이는 자신의 어머니를 잃고 비탄에 잠긴 사상가에 대한 이례적 관심을 불러일으켰다. 작고한 그의 어머니에게 바치는 헌사로서의 이 책은 또한 고아들에게 새로운 가족을 만들어주는 기회이기도 하다. 바르트는 자신의 개인적인 비극사, 즉 어머니의 죽음을 중심으로 사진의 본질을 추구했는데, 사진을 사라진 존재, 즉 "그것은 존재했다."는 과거 현실과의 관계, 혹은 시간 관계에 초점을 맞추고 사진가의 창조적 측면은 거의 도외시하고 있다. 따라서 『카메라 루시다』는 사라진 존재와 관련된 부재의 슬픔과 부활의 시도를 담아낸 '사랑의 텍스트'이다.[26]

또한 사진을 '촬영자(사진작가)', '구경꾼(사진을 바라보는 자)', '유령(사진 찍힌 대상이 발산하는 환영적 이미지)'의 관점에서 접근한다. 바르트는 자신은 작가가 아니기에, 첫 번째는 배제하고 구

26 바르트의 사진 분석은 일정한 한계를 전제하고 있다. 첫째로 '촬영자'의 입장을 배제하고 사진가를 환원적이고 '도구적' 역할로 축소시킨다. 사진은 바라보는 자, 곧 구경꾼인 것이다. 둘째 사진의 본질을 공적인 사진보다는 사적인 사진에서 찾는다. 나아가 이미지의 변형이나 창조를 '기만'으로 보는 것이다. 셋째는 개인적 비극사인 어머니의 죽음을 통해 사진의 본질을 논하는 것이다.

경꾼의 관점에서 논하며 사진을 “나는 좋아한다(I like)/나는 사랑한다(I love)”와 같은 정서적 차원에서 검토한다. 곧, 사진이 어떻게 감정을 폭발시키는지를 보여준다. 여기서 나온 개념이 스투디움(studium)과 푼크툼(punctum)이다.[27]

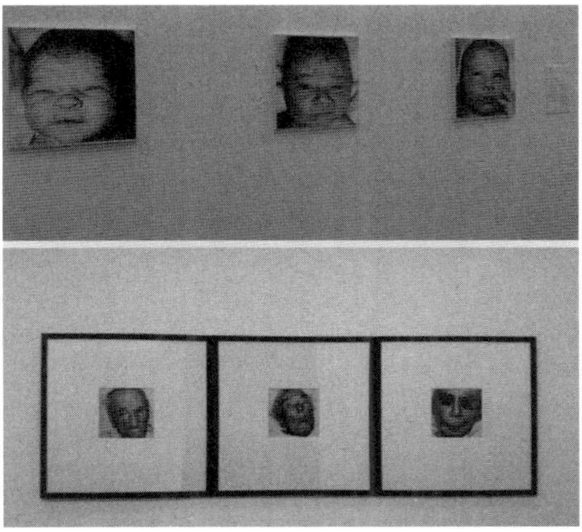

〈보이지 않는 이들〉 섹션 작품들

27 스투디움이 '나는 좋아한다'와 연결된다면, 푼크툼은 '나는 사랑한다'와 연결되면서 둘은 질적 차이를 드러낸다. 스투디움이 사진에서 교양적으로 정보, 재현, 놀라움, 부러움의 감정을 일으킨다면 푼크툼은 나를 정신적으로 찌르고, 상처를 주며, 타박상을 입힌다. 푼크툼이 존재하기 시작하면 막힌 시야가 창조된다. 바르트는 “푼크툼은 때때로 문화적 흥미의 영역을 가로질러 찾아오는 얼룩말 같은 어떤 줄무늬”라고 말한다. '상처자국'이기도 하며 이미 형태는 없지만 강도를 지닌 '시간'이다. 또한 노에마(그것은-존재-했음)의 애절한 강조법, 순수한 표상이다. 또한 푼크툼은 시간의 압축이기에 사후적으로 의미를 갖는다. 따라서 푼크툼은 관람객이 갖는 감성적 느낌이자 시간이 갖는 우연성이라고 할 수 있다. 즉, 푼크툼은 '사진 안에서 떠돌아다니는 그 무엇'이

아무튼 바르트는 거리의 아이들, 유랑자, 지적 장애인, 노예출신, 사형수, 동성애자, 예술가의 어머니, 여성 시인 등 소수자들을 그의 사적인 이미지의 역사 안으로 초대했다. 그리고 이렇게 주류가 아닌 비가시적인 인물들로 이루어진 사진첩을 만들어 그들을 조명했다. 예수께서도 건강한 자가 아니라 병든자와 세리 및 죄인과 함께 식사하셨다.

> "그의 집에 앉아 잡수실 때에 많은 세리와 죄인들이 예수와 그의 제자들과 함께 앉았으니 이는 그러한 사람들이 많이 있어서 예수를 따름이러라. 바리새인의 서기관들이 예수께서 죄인 및 세리들과 함께 잡수시는 것을 보고 그의 제자들에게 이르되 어찌하여 세리 및 죄인들과 함께 먹는가. 예수께서 들으시고 그들에게 이르시되 건강한 자에게는 의사가 쓸 데 없고 병든 자에게라야 쓸 데 있느니라. 나는 의인을 부르러 온 것이 아니요 죄인을 부르러 왔노라 하시니라." (「마가복음」 2:15–17)

'보이지 않는 가족'을 재건하는 이 섹션에서는 그 후 계속되는 사진의 전체 역사가 나타난다. 이 특별한 초상 갤러리로부

다.

터, 침묵에 처한 자들과 소수자들의 방대한 가족을 묘사하는, 현대 사진 역사의 또 다른 장이 열린다. 이 비범한 이미지들은 대안적 사회 질서, 그리고 획일화된 거대 역사와 규범적 전형성으로부터 벗어나 다양한 범주의 인류를 복수로 재현한다.

〈소리가 들리는 사진〉

이 섹션에서 재미있는 사진 중 하나는 액자 안을 회화가 아닌 소리로 채운 작품이다. 사진 가까이 가면 청소부, 노동자 여성들의 이야기와 불만 소리를 들을 수 있다(〈소리가 들리는 사진〉 참조). 사진을 보는 것이 아니라, 듣는 것이다.

4) 자아의 허구: 친밀함, 자서전, 전복

"자신을 하나의 개체로 상상하는 방식, 즉 궁극적이

며 가장 진귀한 허구인 허구적 정체성의 고안으로부터 일종의 기쁨이 생성된다. 그러나 이 허구는 더 이상 통합의 환상이 아니다. 오히려 그와 반대로, 이는 우리가 우리의 복수성을 상연하는 사회의 연극이다. 우리의 즐거움은 사적인 것이 아니라, 개별적인(individual) 것이다." (롤랑 바르트, 『텍스트의 즐거움』)

바르트 이전의 글쓰기와 읽기가 작품과 수동적 독서의 개념이었다면 텍스트 개념 이후엔 저자의 자리를 배제한 '저자의 죽음'과 '독자의 탄생'을 예고했다. 그렇다면 텍스트란 무엇인가? 사실 구조주의적 관점에서 '작품'이 단일하고 안정된 의미를 드러내는 기호체계라면, 텍스트는 고정된 의미로 환원될 수 없는 무한한 시니피앙들의 짜임이다. 바르트의 말을 들어보자.

"텍스트는 그것을 이루고 있는 시니피앙의 다각적이고도 물질적 감각적인 성격에 의해 무한한 의미생산이 가능한 열린 공간이다. 그러므로 기존의 언어학이 언표 의사소통 재현의 산물이라면(크리스테바의 용어로는 현상텍스트), 텍스트는 언술행위 상징화 생산성(크리스테바의 용어로는 발생 텍스트)의 영역이다. 바르트가 「이야기의 구조적 분석 입문」에서 연구대상으로 삼은 것이 바로 이런 현상 텍스트라면, 『S/Z』에서 목표로 하는 것은 의미작용의 생성과정인 발생 텍스트이다. 따라서 작품과 텍스트, 현상 텍스트와 발생 텍스트의 구별은 시간적 상황이나 작품의 현대성에 달린 것이 아니라, 그것이 언어를 작업하는 과정 속에서 체험되는가 아니면 단순히 물리적 공간을 차지하는 것인가에 따라 달라진다. 작품은 소비의 대상이나, 텍스트는 작품을 소비에서 구해 내어 유희 작업 생산 실천으로 수용하게 한다. 이와 같은 텍스트와 작품의 구별은 테리 이글턴의 표현을 빌리자면 '구조주의에서 후기구조주의로의 움직임은 부분적으로 작품에서 텍스트로의 움직임이다.'라고 말해지기도 한다." (롤랑 바르트, 『텍스트의 즐거움』)

〈자아의 허구〉 섹션 작품들

바르트의 텍스트는 작가와 독자가 서로 찾아 만나야 할, 구체적이고도 관능적인 만남의 공간이다. 따라서 글을 읽는다는 것, 혹은 글을 쓴다는 것은 사랑과 마찬가지로 결합의 꿈을 실현시켜 준다. 바르트는 이렇게 말한다. "나는 언어가 나를 아프게 하거나 매혹시키기 때문에 관심이 있다. 이것은 계급의 에로티시즘일까?" 언어에 대한 애정이고, 기호학에 대한 관심은 그 연장선이다.

동시에 바르트는 언어의 권력성을 문제 삼고 있다. "모든 언어는 분류이며, 모든 분류는 억압적"이다. 따라서 언어는 "소통하기 위한 것이 아니라, 예속하기 위한 것"이라고 말한다. 언어는 늘 그 내부의 권력성과 폭력성으로 우리에게 고통을 가하고 상처를 남긴다.

그렇다면 그 권력의 예속에서 벗어나는 길은 무엇인가? 자유는 언어 밖에서만 존재하는데, 불행히도 인간의 언어에는 은폐된 문으로 출구가 없다. 유폐된 문이다. 키에르케고르(S. Kierkegaard)처럼 신앙으로, 니체(F. W. Nietzsche)처럼 초인으로도 극복할 수 없는 바르트는 언어체를 가지고 속임수를 쓰는 일, 언어체를 속이는 일'을 수행한다. 곧, '언어 안에서 언어와 투쟁하는 작업을 보여주는 글쓰기'를 시도하는 것이다. 하나의 언어가 다른 어떤 언어를 억압하지 않으며, 미래의 주체가 어떤 후회도 억압도 없이, 욕망의 수만큼이나 많은 언어를 구사하며 즐기는 글쓰기[28]이다.

1979년 프랑스 철학자 장 프랑수아 리오타르는 바르트에 의해 해독된 근대 신화의 붕괴를 반영하는 '거대 서사의 종언'을 공표했다. 동시대의 예술가들은 이미지를 통해 개인적 신화와 정체성의 허구를 재창조하기 시작했다. 친밀함의 재현, 독특한 감정들, 역사를 스스로 만들어내는 기쁨은 예술적 창조와 사회적 이상향이 만나는 곳에 자신이 있다는 상상을 가능케 한다. 만약 페미니스트 구호처럼 '개인적인 것이 정치적인 것'이라면 판타지는 사회 영역 내의 자신의 위치를 상상할 수 있게 하고, 정체성을 재정의 하며, 이미지의 힘이 개인을 위해 사용되

---

28 반면 글읽기에 대해 바르트는 육체를 통해 이루어지는 '글읽기 체험'을 두 가지로 구분한다. 즐거움(plaisir)과 즐김(jouissance)이다. 즐거움은 문자를 인정하며, 말해질 수 있는 것이기에 가능하다. 모든 고전작품의 독서영역이 여기에 해당된다. 그리고 즐김은 감당할 수 없는 텍스트, 불가능한 텍스트, 말해질 수 없는 것, 혹은 말해진 것 사이에 놓여있는 것이다. 이미지와 상상력의 기제에서 뿐만이 아니라 언어 자체의 차원에서 우리를 뒤흔들어야 된다고 말한다. 일반적 쾌락이 고통을 줄이고 쾌감을 늘리려고 하는 쾌락의 원칙을 따르는 반면에, 주이상스는 고통마저도 감수하는, 혹은 고통 속에서 느끼는 쾌감을 가르킨다. 따라서 주이상스는 쾌락의 원칙을 넘어서는 즐김이다. 이 두 가지는 대립적이라기보다는 상호 보완적 의미로 해석돼야 한다고 바르트는 첨언한다.

는 새로운 세상을 꿈꾸는 강력한 도구가 된다.

빛으로 오신 예수의 이미지는 파수꾼이 날이 밝기를 기다리는 것처럼 고통당하는 많은 이들이 간절히 사모했던 그 어떤 것이다. 시편의 아름다운 구절들은 그 모습을 잘 보여준다. "주께는 생명샘이 있습니다. 우리는 주의 빛을 받아 환히 열린 미래를 봅니다(시 36:9)." "주께서 내 생명을 죽음에서 건져 주시고, 내가 생명의 빛을 받으면서, 하나님 앞에서 거닐 수 있게, 내 발을 지켜 주셨기 때문입니다(시 56:13)." "빛은 의인에게 비치며, 즐거움은 마음이 정직한 사람에게 동터 올 것이다(시 97:11)." 이사야서도 마찬가지이다. "예루살렘아, 일어나서 빛을 비추어라. 구원의 빛이 너에게 비취었으며, 주의 영광이 아침 해처럼 너의 위에 떠올랐다(사 60:1)."

3. 빛의 신학: 사진 신학의 기독론

빛이 자연광과 인공광으로 나뉘듯, 초월적 신이 육신을 입어 인간이 되었고, 이러한 신성과 인성의 완벽한 조화가 바로 예수 그리스도이다. 니케아 신조(325년)의 '신인 양성론' 부분은 다음과 같다. "우리는 한 주 예수 그리스도를 믿는다. 그는 하느님의 독생자이시며, 모든 세상이 있기 전에 하느님으로부터 나셨으며, 하느님으로부터 나온 하느님이시요, 빛으로부터 나온 빛이시요, 참 하느님으로부터 나온 하느님이시다. 그는 피조되신 것이 아니라 하느님으로부터 태어나셨다. 그는 모든 것을 지으신 아버지와 동일 본질을 가지신다. 그는 우리 인간을 위해 무엇보다 우리의 구원을 위해 하늘에서 내려오셨고, 성령에 의하여 동정녀 마리아로부터 몸을 입으시고 사람이 되사, 우리를 위하여 본티오 빌라도에 의하여 십자가에 달리셨다. 그는 고난을 당하시고 매장되셨다가 3일 만에 성서의 말씀대로 부활하셨다. 그는 하늘에 오르사 아버지 오른편에 앉아 계시다가 영광 중에 다시 오셔서 산 자들과 죽은 자들을 심판하실 것이다. 그의 나라는 영원무궁할 것이다."

빛이 직사광과 산란광으로 나누듯 구약 성서는 예수 그리스도가 메시야라는 예언을 직사광으로 비춰주고 있으며(특히 이사야 말씀), 신약 성서는 그 예수의 사랑을 산란광으로 온 세상에 비춰준다. "하느님은 이 세상을 극진히 사랑하셔서 외아들을 보내주시어 그를 믿는 사람은 누구든지 멸망하지 않고 영원한 생명을 얻게 하여 주셨다."(「요한복음」 3:16) "그러므로 너희는 가서 이 세상 모든 사람들을 내 제자로 삼아 아버지와 아들과 성령의 이름으로 그들에게 세례를 베풀고 내가 너희에게 명한 모든 것을 지키도록 가르쳐라. 내가 세상 끝 날까지 항상 너희와 함께 있겠다."(마태 28:19-20) 특히 빛(예수)의 산란광 역할을 잘 수행한 이는 사도 바울이다. 그의 선교 여행은 예수의 지상 명령에 대한 순종이자, 빛의 확장이다.

빛의 순광은 예수의 예루살렘 행이며, 측광은 예수의 섬세한 이웃 돌봄이며 사광은 예수의 사랑 나눔의 아름다운 모습이며 역사광은 예수의 말씀 선포의 매력이며 탑라이트는 예수의 인성의 비유이며 역광은 예수의 십자가와 부활의 알레고리를 표현한다. 또한 빛의 직진은 예수의 의롭고 순결한 삶이다. 빛으로 오신 그리스도는 어둠의 세력을 꺾으셔서 이 세상을 빛으로 밝히신 다음 어둠 속에 깃들였던 모든 불의와 거짓과 폭력과 부패들을 청소하신다. 지금 개와 늑대의 시간이 다가오고 있다. 매직아워로 새 희망의 사진이 될지, 우리가 잡아먹힐 늑대가 될지 두 눈 똑바로 뜨고 빛의 속성을 잘 살펴보고, 그 빛을 막는 세력들이 누구인지를 보아야 할 것이다.

Photheology(사진-신학)
-빛의 예술과 존재의 체험

발행일 1쇄 2020년 7월 30일
지은이 최병학
펴낸이 여국동

펴낸곳 도서출판 인간사랑
출판등록 1983. 1. 26. 제일-3호
주소 경기도 고양시 일산동구 백석로 108번길 60-5 2층
물류센타 경기도 고양시 일산동구 문원길 13-34(문봉동)
전화 031)901-8144(대표) | 031)907-2003(영업부)
팩스 031)905-5815
전자우편 igsr@naver.com
페이스북 http://www.facebook.com/igsrpub
블로그 http://blog.naver.com/igsr
인쇄 인성인쇄 **출력** 현대미디어 **종이** 세원지업사

ISBN 978-89-7418-412-4 93210

이 도서의 국립중앙도서관 출판시도서목록(CIP)은 서지정보유통지원시스템 홈페이지(http://seoji.nl.go.kr)와 국가자료공동목록시스템(http://www.nl.go.kr/kolisnet)에서 이용하실 수 있습니다.(CIP제어번호: CIP2020028012)